师道有痕

古北路小学教育教学文集

主编 ◎ 金珏

上海社会科学院出版社
SHANGHAI ACADEMY OF SOCIAL SCIENCES PRESS

图书在版编目（CIP）数据

师道有痕：古北路小学教育教学文集／金珏主编.
－－上海：上海社会科学院出版社，2019
ISBN 978－7－5520－2691－7

Ⅰ.①师…　Ⅱ.①金…　Ⅲ.①小学教育一文集　Ⅳ.
①G62－53

中国版本图书馆 CIP 数据核字（2019）第 024276 号

师道有痕——古北路小学教育教学文集

主　　编：金　珏
责任编辑：何红燕
封面设计：郁心蓝
出版发行：上海社会科学院出版社
　　　　　上海顺昌路 622 号　邮编 200025
　　　　　电话总机 021－63315900　销售热线 021－53063735
　　　　　http://www.sassp.org.cn　E-mail：sassp@sass.org.cn
排　　版：南京展望文化发展有限公司
印　　刷：上海新文印刷厂
开　　本：710 毫米×1010 毫米　1/16 开
印　　张：13.5
字　　数：233 千字
版　　次：2019 年 4 月第 1 版　2019 年 4 月第 1 次印刷

ISBN 978－7－5520－2691－7/G·824　　　　定价：69.80 元

序

苏霍姆林斯基说:"如果你想让老师的劳动能够给老师带来乐趣,使天天上课不至于变成一种单调乏味的义务,那你就应当引导每一位教师走上从事研究这条幸福的道路上来。"

这本文集收录了我校教师论文37篇,共计20余万字。文集收录的论文或案例中,体现了教师们开阔的探究领域和深入的思维触角,既有个性,又有共性。有的从管理角度探讨;有的从学科教学切入;有的是对某个问题的思考论证;有的是对某节课例的反思推敲。文章都反映了一个共同的理念与行动,那就是注重以人为本,注重激疑求趣,通过追求教学的有效性,努力构建生态课堂。这些论文凝聚着教师们的汗水与智慧,大多能以先进的教育思想、教学理念指导教育教学与管理实践,其中不乏有见地、有深度的力作。我们精心选取部分教师的教学论文、心得等汇编成册,以飨读者。

拿着这本文集,你会感慨我们教师的那份工作。子曰:"言之无文,行而不远。"教师坚守着神圣的三尺讲坛,从事言传身教的光辉事业,将自己教育教学的探索与思考、成败与得失拾取下来,连缀成文,这是一种境界。只有交流,才有提升;只有合作,才有进步。打开这本文集,你会感到我们教师的那种聪慧。鲜活的素材,这是我们教师工作的执着;生动的描述,这是我们教师聪明的才智;独到的见解,这是我们教师丰富的经验。手捧这本油墨清香,心灵激荡的书,你一定会说,教师是学校的灵魂,教师是学校辉煌的创造者。

这本文集,正是记忆的整合、理念的碰撞、灵感的源泉。它虽算不上鸿篇巨制,甚至某种程度上也显得缺乏缜密,但它确实凝聚了各位老师辛勤教育、潜心研究的点点心血,展现出古北教师求索、奋进、创新的风采。最后,感谢我的同事们,在平凡的教学道路上留下了自己成功的足迹,为所有的教育同仁搭建一个交流、沟通的平台。我相信积跬步可以至千里,用心做事,必将使古北的明天云蒸霞蔚,美好无限。

周明星

2018 年 11 月

目　　录

学校管理篇

教师在校园文化建设中的现状和对策

周明星

在学校组织的整个文化系统中,教师文化是学校中最具活力、最有主体性的文化要素,学校管理者有意识地将之纳入学校管理的范畴,并积极地培育良好、合理的教师文化,以期能更好地促进学校和学生的发展。然而理想状态不是每个教师都能拥有,现实中存在着积极和消极共生,先进和落后并存的现象。

一、案 例 描 述

为了使学校发展有特色,发展有成效,学校邀请专家定期对教师进行专业指导,开展听评课活动。在校长的组织和安排下,专家和教师的交流顺利地展开。专家给予教师专业的指点和解答,教师也积极地听取专家的建议,听课、评课、研讨都有条不紊地进行,一切似乎进展得很顺利,但是私底下却是另一番情形。下面是在与专家研讨前教师之间的对话。

A 教师:今天下午专家来,你想好怎么说了吗?

B 教师:没想好,不知道怎么说。让专家说吧。

C 教师:就是,让专家说吧,我们又不懂,要是懂的话就是我们在指导了。

D 教师:研讨的时候记得坐后边点,这样校长就不会让我们发言了。

B 教师:专家下周最好有事情别来了。

C 教师:校长一天到晚请专家,也不看看,我们作为班主任不仅要配合学校的各种活动,还要应付上面的检查,哪有那么多精力啊?

下面是在与专家研讨后教师之间的对话。

A 教师:我不太认同这位教授的说法。感觉他根本不了解现在小学的情况,说的东西也令人很费解。每次都否定我们的观点和想法,目前我们实施的教学方法不是挺好的吗? 他的观点我们反而不能接受。

B 教师:你看看他说得天马行空的,如果我真的实行了他所谓的先进的教学方法,我根本完不成我的课程。最后考试的时候还得拿成绩说话,没人会去看你讲课的那些花架子的。

C 教师: 改革,改革,都改了这么多年了,你看看现在很多地方改革的成效,最后不还是这样吗? 如果教育的大环境没有大的改变,改革的成效就不会很大。我们改了那么多年了也没看到什么成效。

D 教师: 现在的老师压力真的很大,任务也多,我真的没有那么多的精力去揣摩、反思和实践专家的理论。他管他说,我管我做。

二、案例分析

教师文化是教师基于其职业的特点和方式而形成的教师群体所共同持有的价值观念、思维方式和态度,作为一个复合体构成了教师文化的主体。从以上案例可以看出,教师对教育改革的态度,主要表现在对专家引领的疏离与抗拒,对外在促进教师发展措施的抗拒。教师文化在某些因素的制约下,形成复杂的抵抗文化,对学校和教师自身的发展产生一定的消极影响。

(一)墨守成规,不愿变革

学校聘请专家来学校指导的目的,就是希望他们能够帮助教师发现和排除教学中的问题,但是教师之间的对话和态度却反映出教师对专家指导的疏离。为了完成学校的任务,教师虽有抗拒,却不得不以一个完美的配合者的身份来参加教研活动,努力用自己的"表演秀"来配合专家的"独角戏"。虽然研讨是为了教师的发展,但是这必然会给教师的平稳的生活带来一定的变化,甚至有时是很大的冲击。学校的教师在长期的工作和交往中已经形成独特的组织文化,组织文化的存在维护了教师生活的稳定,赋予教师生活更丰富的意义,为教师提供安逸的空间,但是也为教师设置了一个无形的框架。已经习惯于框架保护的教师对外在变化本能的反应就是拒绝和消极地对待。对于相对保守的组织而言,组织内部的"保守力量"一直是努力支持现状,排斥异议和创新。对外在的注入组织的新力量,仍然恪守着自己的阵地,对外来文化的进入持一种冷漠和疏离的态度。

（二）大量工作，牵制精力

教育工作是辛苦的，教师也有改革发展的意向，学校教师每天都在奋笔写教案，集体备课，自己备课，钻研教材、教法，备课堂教学，批改作业，班主任要处理大量琐碎、繁杂的班级事务工作。还有各种各样的学校工作，如应付上级的检查、参与学校进行的各项活动、与学困生及部分学生家长交流等，这些占用了教师大部分的时间，为了维护自己的工作，教师不得不优先处理学校的事情，从早到晚都在学校，真正属于自己的时间几乎所剩无几。当所有的工作都做完以后，教师已经没有更多的精力去寻求个人的发展了。虽有变化的愿望，却没有变化的精力，这是小学教师存在的最尴尬的问题。

（三）职业倦怠，消极被动

学校为教师提供了多种职后培训的方式，专家引领就是其中一部分。教师可以从专家那里学习到先进和经典的教育理论，增强自身的个人素质和个人修养。教师可以反思自己的教育活动，完善教育实践。但是部分教师的工作热情有衰退的表现，在平时只是依仗着一种"惯性"来完成"教师匠"的工作，并逐渐产生一种疲惫困乏乃至厌倦的心理，把这种自身提升的机会当作工作的负担。在他们眼里，自身的专业基础已经足够应付教学工作的要求，教育思想和教育观念的优劣无关紧要。殊不知当今的社会是快速流变的社会，在教育领域中，上至高等教育，下至基础教育，都在进行各种形式的变革，教师面对的教学要求也不断地提高，今天的任何教师都不能停留在过去的老一套，而应该具有学习、思变的意识。教师不能有效学习新的教学理念，依然坚持"一劳永逸"的错误思想，那将使自己的教学生涯缺乏鲜活的源头，陷入一潭死水。

三、对 策 反 思

（一）凝练学校精神文化

学校精神文化是学校文化的核心，渗透于学校教育的各个方面。学校精神文化一旦形成，就会以强大的影响力规范学校教育，学校精神文化的形成，也意味着学校的办学思想、教育理念成为全体师生的普遍自觉,就会体现在每一师生的价值取向、期望与态度中,并最终影响每一个师生员工的教育行为。

当学校缺乏精神文化时,教师就容易处于一种散漫、消极的状态,降低职业的忠诚度和对自身的要求,无法全心致力于学校的发展。作为校长,必须注重共同愿景的打造,而精神文化的提炼不应仅局限于校长个人口号的提出,而应是全校教师在对学校历史共同学习认识的基础上,在对当今教育趋势认真思索的前提下,共同凝练而成,通过这种途径形成的学校精神文化往往更具有生命力和执行力。提出学校具有时代意义和历史价值的核心价值观,并组织教职工认真学习研究,不断内化,成为全校教职工共同遵守和普遍遵循的核心思想体系,从而真正做到校兴我荣,校衰我耻。

(二)减轻教师过重压力

适度的工作压力会使教师产生紧迫感,激发教师的积极性,但是过大的压力会使教师心情低落、工作积极性降低。学校要减轻教师的压力,为教师提供宽松的工作环境,给予教师更多工作的动力。首先学校要对教育存在的问题予以正确的舆论引导,让社会和家长对教师的角色有一个正确的认识,避免理想和现实之间的落差太大,从而给教师更多的责难和压力。其次要减少教师的工作量。当教师被沉重、烦琐的事务性工作占据太多精力的时候,教师已经没有更多的心思去思考学生和自身的发展,没有更多的力量去迎合国家和学校的要求,因此学校要为教师减少事务性的工作,提供学习、减压和团结合作的机会。最后学校要关注教师存在的心理困境,为教师提供心理健康的帮助,适时地进行心理疏导。

(三)提升教师文化认同感

学校文化管理是一种以人为本、尊重个体的人本性、强调民主性的学校管理方式,它对于教师形成学校文化认同具有重要意义,它通过学校文化的打造实现教师的自主管理,从而形成学校文化认同。首先学校领导要实行开放民主的行政管理,赋予教师更大的自由度,并且为教师提供更多参与学校决策的机会,这将有助于激发教师的工作热情,从而使教师具有更强的责任感与归属感。其次,改革教师教学评价体系,建立赏罚分明的激励机制,体现竞争精神,最后以形成性评价代替终结性评价,并以严格的赏罚制度来保障。如果对教师的教学效果良莠不分,则易使教师处于平庸、懈怠状态,做一天和尚撞一天钟,缺乏主动追求专业发展的动力。

教师文化是学校文化中的核心,也是最为微妙的因素。教师不仅仅是文化的继承者,更是文化的传播者。良好的教师文化使教师在彰显生命个性的同时,带给学校的是各个方面的获益和促进。社会、学校和教师应联合起来致力于优秀教师文化的构建,社会要给予宽松、优良的环境,学校要给予教师文化的建设以引导,为教师发展提供机会。教师要加强自我的修养,丰富并开拓自我的精神生活世界,提升自身的思想境界,追求过完满生活的人生价值。

实施 STEM+课程，
让普通孩子的童年拥有别样精彩

金珏

俗话说,世上万事万物皆为因缘聚合,教育之事,概莫能外。学校因为学生而存在,教育要回归本原,关注人的发展,学校推进课程改革实践,也就是源于孩子,为了孩子。

一、缘起：让最普通的孩子有不一样的体验和精彩

古北路小学是一所普通公办小学,学生中有近60%的来沪务工人员随迁子女,为了让每个孩子更自信快乐地成长,我们在课程改革实践中,为他们提供丰富的学校课程,并逐步形成了"儿童诗画、机器人、快乐小实验"等科技、艺术校本课程,咕咕诗社、咕咕画苑、创新实验室和机器人工作室已经成为区域特色品牌。

但同时,我们也在思索：学校开设的课程是不是越多越好？如何为普通百姓的孩子铺设成长之路？如何关照学生多元发展的需要？应当给予学生怎样的学习体验？我们期待：在课程学习中关注学生的动手实践;学生在生活情境中能用学到的知识解决问题;学生团队合作、探究未知的过程体验与学习结果同样重要……

我们发现：STEM 课程理念与我们的期待在很大程度上契合,为我们提供了探求课改实践的新路径。STEM+综合课程的建设,既能把我校已成特色的科技、艺术校本课程有效融合,又能着力培养学生创新思维、动手实践、合作探究、问题解决等方面的能力和素养。

二、实施：在STEM+课程实施中撬动学与教的方式变革

学校以"自信乐学,差异发展"为课程理念,进一步梳理和完善了学校课程,在国家课程校本化实施的基础上,整体设计和构建了 STEM+综合课程,以课程关照学生

成长,满足学生多元发展的需要。

(一) 打破学科界限,统整设计 STEM+课程方案

我校在课程建设过程中,结合学生的学习需求和教师的专业特长,融合各类资源,开设了各类拓展课程。伴随着对 STEM+课程理念的逐步了解,老师们在原有的学科优势基础上,改变了以往不同学科单打独斗的现象,根据兴趣相投的原则,组合成团队,通过学习研讨,基于学生学习成长需要,从学生的生活与兴趣出发,共同设计 STEM+课程方案,为学生提供了更有品质的学习资源,拓展了更为宽广的学习时空和学习渠道。

(二) 教学方式的优化,STEM+与基础课程有效融合

受 STEM+课程的影响,教师在基础课程的教学中积极探索与 STEM+的融合,对任教学科的教学内容进行分析、研究,寻找与科学、技术、工程、数学和艺术交叉的领域,编写了《STEM+与基础学科整合一览表》,以提高学生自主学习和探究的能力。

如:在四年级数学"认识升和毫升"教学过程中,教师打破学科界限,把教学地点搬到了实验室,通过滴水实验,引导学生在滴管操作、量筒刻度观察中感受并认识容量单位,学生积极参与操作、实验等学习活动,初步了解了测量容量的工具与方法,在主动与他人合作交流中获得积极的情感体验,来自探究和"动手做"的研究结果使数学学习更生动,让学习更有意义。

(三) 以 GBB 创新实验室项目为载体,扎实推进 STEM+课程的实施

我校 GBB 创新实验室是上海市中小学创新实验室重点项目,在项目推进中,我们开设了 GBB 快乐小实验课程,将课程学习设计为一个个基于真实问题的小任务、小项目,引导学生去开展主题探究。学生使用工具,搜集、分析数据,并设计、测试和改进解决方案,与同伴交流研究成果。学生在这样的学习经历中,实践体验,提高探究能力和创新意识。

如:在"吸管乐器"一课的学习中,学生以"制作吸管乐器"为任务,自由组合成活动小组,孩子们各尽其责,积极搜寻相关信息,了解各种乐器的发声原理。探究着吸管发声音调与长度的关系,一起讨论如何将吸管的振动组成有规律的美妙音阶,大家分工合作,绘制设计图、动手测量,对如何让吹出的声音更响亮、使乐器外形更美观等

问题多次尝试、不断改进,制作出"吸管乐器",演奏出美妙的乐曲。

三、感悟:以STEM+课程实施拉动师生乐学善思的引擎

(一) STEM+课程为学生播下探究创新的种子

STEM+课程的构建与实施,为学生提供动手实践、创新制作的机会,为创新教育拓展了空间,激发了学生的学习兴趣。学生还会主动利用课余时间到图书馆查阅资料、上网搜索有关知识,并将STEM+课程的学习方法迁移到其他学科的学习上,提高学习的主动性,增强学习的有效性。

让我印象最深的是一位郑同学,他的父母都是普通的外来务工者,郑同学在STEM+课程的学习中,各方面综合素养得到提升,他参加在澳大利亚举行的世界青少年机器人比赛中,过关斩将,勇夺金牌。这样的例子不胜枚举,学生们在全国、市、区小学生创新大赛和科技艺术竞赛中,屡屡获奖,为学校争得荣誉,自己也收获了成功的喜悦,看着孩子们一步一步地成长起来,我们由衷地高兴。

(二) STEM+课程让教师成为课程教学的主人

课程的开发,给教师提出了极具挑战性的问题。教师由课程执行者转换为课程的设计者和践行者,借助于STEM+课程的研发、实施,老师们开阔了自身的课程视野,更关注学生的学习生活资源,更注重与各科教师之间的合作。在教学过程中,教师不再是知识的呈现者,他们更重视学生对各种现象的理解,倾听学生的看法,洞察学生这些想法的由来,与学生共同探索,共同成长,也促进教师的专业化发展。

通过课程的实施,我们的孩子快乐学习,幸福成长,让每一个孩子的童年都有别样的精彩,这就是我们推进课程改革,办老百姓家门口的好学校,追求教育优质发展的价值所在。

她 终 于 走 了

——提前终止合同引发的思考

周菊华

2014 年 4 月 25 日,国务院总理李克强签署第 652 号国务院令,公布《事业单位人事管理条例》。《条例》自 2014 年 7 月 1 日起施行。这是我国第一部系统规范事业单位人事管理的行政法规。《条例》的颁布和实施,对于建立权责清晰、分类科学、机制灵活、监管有力、符合事业单位特点和人才成长规律的人事管理制度,建设高素质的事业单位工作人员队伍,促进公共服务发展,具有十分重要的意义。作为事业单位的学校更应该认真学习《条例》,使学校的人事管理工作更具规范,更适应学校人事改革和发展的需要。

一、案 例 概 述

某综合学科 A 老师工作一直很努力,是某小学的教研组长,该校这门学科在区级层面也有一定的影响,因此 A 教师也理所当然成为区级教学能手,先后承担了大量市级和区级的课堂教学展示工作。到了职称评审申报期。A 教师向学校申请参加中学高级教师职称评审。但对 A 老师申报中学高级教师职称评审一事,学校里却出现了两种不同的意见。一种是认同的意见,认为 A 教师本人很努力,在教学方面成绩很突出,可以推荐申报。另一种是持有怀疑的态度,认为该教师平时的表现,所做的一切都是为了职称评审,而且听说,评好职称会走人的。面对两种截然不同的声音,学校聘委会再次研读了高级职称评审条件,逐条对照,最后结论是,基本符合。最终,学校聘委会达成一致,同意推荐申报。

不久,评审结果出来,该教师如愿通过了中学高级教师的评审,学校也为此感到高兴。这不仅是 A 教师个人的教育教学能力得到了认可,也是学校的一份荣誉。因为,一所普通的小学,也能培养出优秀的教师。

然而,没想到,第二学期刚刚开学 1 个月,A 教师就向学校提出了提前解除合约的要求(因为按照合约还有 1 年的期限),而她提出提前解约的理由是为了接送孩子方便,她要到儿子所在的学校任教。一时间,校长惊呆了,学校也一片哗然。看来,之前学校里担心的声音果然真的应验了。要知道,如果这位教研组长走了,对学校的教学工作肯定有较大的影响,因为这一学科学校本来就没有多余的教师,而且提前解约,对下学期的课时安排更增添了难度。毕竟,新教师的招聘已经结束,而且学校当年的招聘计划已经完成,无法再招聘这门学科的老师。但是,如果坚决拒绝这位老师的提前解约申请,那么就会使学校和该教师之间产生对立或僵持,这也是学校不希望看到的情景。那么,作为学校究竟该怎么办? 如何合理地解决这个问题呢?

二、案 例 分 析

A 教师的解约申请是 3 月初提出的,而根据合同规定,学校必须要在 20 天之内答复,如不回复将被则视作同意。如果学校不同意,那么最多可以推迟半年。也就是说半年之后将自动解除合约,而且从时间推算,半年之后正好是 9 月份,新学期的开学。这一情况将使学校处在非常被动的状态之下。

是放还是留,学校马上召开校聘委会,听取大家的处理意见,一部分说坚决不放,想走就走太容易了,这么多年学校给了她多少机会,而她借着学校的平台达到个人目的,就不顾合同未到期就提前解约太自私了,而且已经是第二学期,一下子招聘老师也很难,会影响下学期排课和上课的,再说评好就走,对学校今后的人事管理工作会有一定影响,坚决不放。另一部分说,先跟老师商量一下,可否再缓 1 年,等合同到期再走,毕竟她的成功离不开学校的平台,学校给了她那么多的机会嘛,再说缓 1 年学校可以再招聘教师啊。于是,校聘委会达成一致,先找该教师谈谈再做决定,如果实在不肯,那么就协商解决。

作为学校方,当教师提出提前解除合约时,是否可以有某种方式要求教师必须履行完合同再另做打算? 其实是没有的,从签订的聘用合同来看,上面没有任何对教师提前终止合同的任何制约,除了可以签署一份与当事人协商解决的合约,别无他法。这就意味着,教师的去留,主动权在教师个人,如果教师执意要走,学校是没有任何办法强留或者可以不放行。但如果没有履行完合约而直接放行,这将对学校今后的人事管理确实会有负面的影响。因此,解决的唯一办法只能是互相协商以及承担相应的违约责任,但这必须是建立在双方协商一致的情况下才可以执行。

通过这一事例,对学校的管理者也提出了更高的要求。学校在师资队伍建设过程中,教师的专业能力和个人素养应该如何并进。特别是在推荐和培养骨干教师的同时,是否更应该重视教师的个人素养,避免因过分强调教师的专业素养而忽略了教师教育境界的提高,以避免产生某些教师的教育教学能力非常突出而个人素养却没能达到相应的高度。

三、对策和建议

针对上述情况学校采取了以下的做法:

(一) 通过面对面的沟通,尝试以情感留人

学校一接到教师提前解约的申请,校长就第一时间跟 A 教师进行了沟通。跟她一起回忆在校 10 年间共同经历的每一个转折契机,一步一步,从一位民办学校的老师转入公办学校,又从小学一级职称到小学高级教师职称,现在又评上了中学高级教师。其间,自然有老师自身努力的结果,但更多的是学校给予 A 老师的每一个平台,她都做了很好的把握,因此才会有今天的成就。校长希望通过诚恳的交流和沟通,让 A 老师给学校一个缓冲的时机,再留 1 年,等合约期满,学校也可利用这段时间招聘合适的教师。

(二) 学习相关的法律政策和规定,为依法治校提供准绳

作为事业单位要提高管理水平,必须要全面了解人事政策,法规,准确运用,严格按照法定章程,慎重处理,才能将事件的负面影响降到最低点。为此,我们通过学习《事业单位人事管理条例》和《合同法》,知道:依法订立的合同,对当事人具有法律约束力。当事人应当按照约定履行自己的义务,不得擅自变更或者解除合同。

(三) 加强与上级有关部门联系,争取得到更多的指导和帮助

作为基层单位,当遇到某些与政策法规相左的事项而一时又无法解决时,必须借助于上级部门的帮助,才能把事件处理得恰当。首先,上级相关部门对于政策的把握和理解比基层单位更深更透;其次,上级部门对于基层面上情况的了解比较全面,类似事件的发生和处理有值得借鉴的经验;再次,一旦发生纠纷,那么上级部门对于棘

手问题的处理会比较客观、容易把握分寸。鉴于这么多的优势,学校决定依靠上级部门的指导和帮助,尽可能通过双方当事人协商,使事件的处理既符合法律法规,又可以圆满解决。

（四）发挥学校聘任调解小组的作用,运用好民主协商的办法

学校的聘任调解小组是维护学校聘任工作合法稳定的一支重要力量,是加强学校人事调解和化解矛盾纠纷的有力抓手,是促进学校稳定发展,创建规范有序的校园人事管理制度的有力保障。为此,我们通过民主协商就提前解约事件达成一致:一方面告知 A 教师,签订了合同就必须承担相应的责任和义务,即使提前解约也必须站好最后一班岗,同时也希望到新的单位,能继续发挥自己的优势和作用;另一方面,学校考虑到教师的实际问题,尊重教师的选择,但必须再签订一份提前解除合约的协议,教师就自己的提前解聘行为承担相应的责任,学校在教师完成了该履行的责任和义务时为其办理了离职手续。最终双方通过民主协商达成共识,获得双赢。

从整个事件的发生和处理来看,事业单位应该重视加强自身调解组织的建设,使它能够为维护自身利益及社会的和谐与稳定发挥作用。人事争议案件一方面应依法办事,坚持原则。另一方面则应在依法的基础上做好民主协商的工作。这样既不损害双方当事人的合法权益,又可以使矛盾得到妥善解决。正如习总书记在中国人民政治协商会议成立 65 周年大会上讲话中所说,如何使协商民主真正落实,切实"落地",但凡涉及群众切身利益的实际问题大多是在基层发生的,群众利益无小事,协商民主如果不从基层搞起来,就难显现出它的作用,获得广泛的民意基础,保持持久的生命力。因此,我们认为依法办事,民主协商,实事求是地对待问题,是解决学校人事争议和矛盾的有效方法,有力武器。

好的选题等于成功的一半

徐　萍

学校科研的选题是教育科学研究过程中具有战略意义的首要问题和关键环节。我校在科研选题时,强调需要性、创造性、科学性,并使之成为在教育教学工作中可以成立和可以探讨的问题,从而使得课题研究研而有效。

一、从直觉的思维和意外的发现中选题

我校是一所普通的弄堂小学,学生大多数来自周家桥地区,家长学历层次偏低的家庭占到了大多数。在这样的一个群体中不乏成功型的家庭,同时需要帮助指导的困难家庭也为数不少。我们充分认识到学生是有差异的,家庭教育有差异,我们的家庭教育指导也要有差异,我们应该要把各种类型家庭的家长组织与发动起来,形成家校合力,促进学生个性发展与全面成长。

而当时,国内外对于成功家庭与困难家庭家长的教养方式虽已有大量的研究,但通过具体的比较进入理性思维来切实指导家庭教育,提高家庭教育质量的还不多,特别像我校这类地区,研究更少。为此,我们先开展了一系列的前期调研工作:进行了家庭访问;召开了相关家长的家长会;利用了大众媒介,传递科学、先进的家庭教育信息……进而确立了研究的主要对象、目标、内容和方法策略……在汇总、分析了前期调研资料的基础上,我校于1999年确立了"成功家庭与困难家庭教育方式的调查与对策的研究"这一课题。

通过本课题的实践研究,我校39个困难家庭的家长借鉴了成功家庭家长的育儿经验,70%的家长在教养方式上有了明显的改善,20%的家长在家教观念及态度上具有了不同层次的提高。在我校原来问题很多的学生家庭,现在有了不同程度的进步,课题研究的成效普遍受到家长欢迎,家校关系更为密切,家长对学校的信任度更高,从而促使学校教育质量进一步提高。

二、从工作中的困惑和教改实践中选题

新一轮课程改革十分强调培养学生的创新精神和实践能力,强调发挥学生学习的主观能动性,倡导学生主动求知、主动探索、主动地去发现有关知识。为此,我校的教师在教学中常常通过小组合作学习来改进课堂教学,让学生真正变成学习的主人,从而提高课堂教学的效率。然而在实际教学过程中,我们经常发现,小组合作学习往往是有形无实。

我们认为,合作学习小组的形成与优化对于培养 21 世纪所需的高素质人才和全面推进素质教育,使全体学生都得到全面的发展,都有着十分积极的意义。基于以上认识,我校确立了"小班化教育中合作学习小组的形成与发展的研究"作为区级研究课题。

从 2004 年至 2007 年,课题组从合作学习小组的形成与分工,到合作形式的多元化、合作学习小组的环境氛围优化、合作学习小组成员心理辅导过程的优化、合作学习小组评价机制的优化进行了全方位的研究……随着课题研究的深入,教师的观念得到了改变,学生的能力得到了提高,兴趣得到了激发,真正成为学习主人。

现在,在我们的课堂中经常会看到这种现象:学生们在听清教师讲述合作学习要求后,马上就会出现热烈讨论的场面,在组长的组织下,每个组员各尽其责,专注于完成自己的任务,同时又不忘互相配合、互相帮助、互相协调,最终达成共识,由汇报员汇报交流。整个合作学习过程忙而不乱,每个学生都能发挥自己的长处,能充分发表自己的观点,为小组成功完成学习任务尽自己最大的努力。

三、从实际的需要和新理念的探索中选题

小学生思想品德课是小学德育的基本阵地,它是较系统地、直接地对学生进行思想品德教育的一门重要课程。但长期以来思想、操作上的偏离,使小学生思想品德学科的评价总是用同一把标尺,局限于书面答卷,重知轻行,致使学生的辨别能力、实际操作能力薄弱。

作为思想品德课改的实验学校,教育的发展和学生数的锐减,为我校改革思想品德评价方法提供了很好的契机。为此,我校积极参与了国家级课题——"在小班化教

育中,学生思想品德学力评价方法的研究"。

课题组利用小班学生少的优势,采用灵活多样的评价手段和方法,让评价不仅成为教育质量的反馈,教育调控的依据,而且充分发挥其激励、导向的功能,促使教师转变教学思想,改进教法和学法,提高教学质量,促使全体学生素质的全面和谐的发展。

我们的诸多评价策略都取得了很好的效果:"小组评价法",将学生的能力最大限度地发挥出来,让学生在自主的活动中享受到成就的喜悦,吸取失败的教训;"家庭评价",不仅增强了家校互动,更加密切了家长与子女的关系,而且客观真实、全面地反映了孩子的成长和进步;"社会性评价法",把评价活动从课内向课外延伸,促使教育活动及其效果得到更好的巩固、持续和发展;"形象评价法",大大激发了学生的学习兴趣,提高了学生学习的主动性,实现了愉快教学、轻松考核的目标;"鼓励评价法",激发了学生内在的潜能,帮助学生形成持续性、发展性的学力;"个案评价",及时地捕获学生的闪光点,并通过差异性指导,鼓励学生不断地完善自我……

四、从面临的困难与和谐的发展中选题

21 世纪的教育,必须适应时代发展的需求,面向每一个学生,让学生充分享受优质的教育资源,得到均衡、全面的发展。而我校是一所普通的弄堂学校,由于受历史、地理等环境因素的影响,学校中,智力或非智力因素有明显缺陷的困难学生颇多。长期以来,对困难学生的教育一直困扰着学校的改革,影响着学校的发展,成为我们在实施素质教育中一个十分突出的问题。随着二期课改的深化推进,小班化教育的普及,为我校解决这个难题提供了可能性。我们决定针对每一个学生的个体差异,提供最适当的个性化教育模式,使其得到适合自身特点的充分发展,从而达到预设的教育目标。基于以上认识,我校申报了"小学困难学生实施个别化教育的研究"这一课题。

从研究的成效来看,这一课题研究相当成功。它透过困难学生本身所蕴含着多种现象及其中的联系,找到了他们进步和发展的内在规律,使困难学生的优势得到了充分发展,缺陷得到了补偿,不良行为得到了纠正,综合能力得到了提高,也促进了教师专业素养的提升、研究手段的改进和教学方法的创新,促进了家长教育观念和方式的改善,促进了和谐环境氛围的创建……

五、从学校的特色和项目的发展中选题

我校的"咕咕"儿童诗社创建已有 19 个年头,形成了学校的办学特色,更是学校三年发展规划的重点发展项目。但在诗社社团活动的过程中,如何以课题为引领,综合社团活动中的有效途径和方法,对诗社进行课程化的设置,让更多的学生参与其中? 如何将儿童诗社活动与当前的教育教学改革,尤其是二期课改紧密地结合起来,充分地体现"以学生发展为本"教育理念? 为此,我们从 2010 年起,开始致力于"儿童诗教育活动促进有效教学的行动研究"这一区级重点课题的研究。

随着研究的深入,我们惊喜地发现,儿童诗逐渐融入校园生活,师生们以诗怡情、以诗提能、以诗辅德、以诗促教、以诗育美,多种途径的交叉融合,学校构建了"诗情画意"的校园文化,成为学校的一张名片。在课堂教学中,教师通过儿童诗教育教学活动环节的设计,使儿童诗教育与各科教学融合起来,激发了学生的学习积极性,丰富了学生的想象力,拓宽了学生的视野,提升了学生的文学素养,突破了教学中的重点和难点,丰富了学科教学的内涵,从而不断提高了教学的有效性。学生的能力和内在素养双发展;教师的科研和教学能力双提高;学校的文化和特色项目双凸显,此课题的研究成效显著。

发现有价值的科研课题是一个创造性的思维过程,也是一项灵活的研究艺术。只有具有科学性、创新性、实用性、针对性的选题,才能有效地改善我们教师的教育教学工作,提高研究的效益,最终造福于学生。

发展性评价有助于班主任的专业成长

苏晓燕

在学校教育中,班级是最能体现学校特征的组织形式,是学校管理结构中最基础的单元,班级是否稳定,能否形成团结友爱、积极向上的氛围,直接影响着学校良好校风的形成,影响素质教育的开展,而作为班级的管理者——班主任,其专业素养对良好班风的形成有着最直接、最密切的关系。

一、案例概况

"铃……"一阵急促的电话声把校长从沉思中唤回,校长拿起电话,一个女高音从电话那头传了过来。"喂! 校长,您好! 我是一年级 4 班学生家长,我孩子到贵校学习已半年多了,班级至今没有形成良好的学习气氛、课堂纪律较差、学习习惯未养成,学习成绩与平行班有很大的差距,班主任教师在班级同学中毫无威信,这样下去可能耽误的不仅是孩子们的五年,甚至是一生,希望学校能换个有经验的教师担任班主任,或者我们将要求转班。"校长已记不得这是一年级(4)班家长的第几个电话了,都是要求换一年级(4)班班主任陈教师,或是孩子转班。

提起陈教师,我的思绪不禁又回到了 3 年前的那次设在上海师范大学的招聘会场,招聘会快结束时,一个小小、瘦瘦、带着金属边框眼镜的女孩出现在我校摊位前,翻开打印精美的自荐表,我们眼睛一亮,还是一位"优秀毕业生",不禁脱口而出,"为什么选择我们学校?""我家就在附近。"女孩轻轻答道。

望着清秀、瘦小的女孩,我们想:她能在讲台上站住吗? 可想到"优秀毕业生"及尚未最后定下的空缺,还是决定让她来学校试教。

到了试讲那一天,这堂课虽说不上成功,倒也是认真准备的,自然她成了古北路小学英语学科教师。3 年来,陈教师虽仍腼腆内向,不能较好控制住课堂纪律,但她工作勤奋,常常利用中午休息时间补缺补差,任课班的成绩也能名列年级前列,这学年已是陈教师第二次提出申请要求担任班主任,鉴于陈教师评职称的考虑,抱着实践锻炼人的信念,学校安排了陈教师担任一(4)班的班主任。开学初,家长对一(4)班的反映不断充斥于周校长之耳,教师对学生太"好"了没有规矩,这个班上课纪律太差,任课教师都无法上课。

针对这一情况,学校行政就此事专门做了研究,教导主任首先发言,认为一(4)班的问题,主要是班主任管理不力,家长是宣传学校最直接的群体,为了学校的声誉,所以一(4)班的问题必须换班主任才能解决。副校长补充道:"不能这么简单来解决。"书记说:"陈教师是青年教师,工作中出些问题很正常,我们要尽量去帮助她,更何况这是她第一次做班主任,压力一定很大,如果改换班主任,将极大地打击她的自信心,对她今后的工作将产生负面影响,而且还会影响到其他青年教师,在担任班主任工作的老师更怕做不好,未做班主任的更不敢做了。"大家各抒己见,争论了半天也无法达成共识,最后大家都望着校长,希望由他来做决定,校长沉默片刻,说道:"分管德育的部门,你们找陈教师谈谈再说,最终由你们德育部门决定是否撤换班主任。"

二、案 例 分 析

从案例中可以看出,家长们的担心不无道理,都学期过半了班级还没有形成良好的学习气氛,课堂纪律差,学生学习成绩落后,这些直接关系到学生和家长的利益,进而直接影响到学校的形象和声誉!面对如此强大的压力和可能导致的严重后果,难道只有撤换班主任才算是明智之举!在我看来未必是,不撤换的理由主要有以下几个方面:

(1)陈老师勤奋、认真,主动申请要求担任班主任,正如案例中书记说的那样,如果撤换班主任,就会打击陈老师和其他青年教师的工作积极性,对他们今后的发展带来负面影响。

(2)班级课堂纪律太差,任课老师无法上课,这不完全是班主任的错,因为课堂纪律的维持和控制也是任课教师的职责之一。

(3)教师对学生太宽容,不能成为撤换班主任的理由,教育需要多种风格,新时代背景下,不是提倡以人为本的教育理念吗?

(4)陈教师所教英语学科的成绩并不差,这表明教师的协调能力较差,整体意识不强,任课教师不信任班主任,推诿自己的育人责任。

三、对 策 建 议

班主任的专业成长不仅需要一个过程而且离不开学校组织有意识的培养以及面向未来的发展性评价的激励,学校管理层应做好以下两方面工作:

(一)实施发展性评价,促进青年班主任成长

教师评价的最新研究揭示,总的来说,存在着两种目的不同的教师评价制度:

1 以奖惩为目的的教师评价制度

通过对教师表现的评价结果,作出解聘、晋级、加薪、增加奖金等决定。多年来,我国中小学的教师评价主要采用的就是这种评价制度。实践表明,实施奖惩性教师评价制度的学校中,教师特别关心评价的最终结果,普遍担心和惧怕评价可能会给自己带来不利的影响,绝大多数教师对此感到怀疑、惧怕、憎恨乃至进行抵制。

2 发展性教师评价制度

发展性教师评价制度将立足点放在教师的未来发展方面,教师评价不再作为奖励和惩罚教师的手段,而是用来全面检验和查找工作上的成效与不足,拾遗补阙,从而降低教师焦虑度,激发教师提高素质,促进教师专业发展。发展性教师评价制度是具有前瞻性的、面向未来的评价制度,与其他年龄阶段的教师相比,年轻教师由于经验的不足以及巨大的成长潜力等特征,对发展性教师评价制度的渴望最为迫切。因此,学校决不能因为年轻教师暂时的工作欠缺,就简单地剥夺其教育学生的职能,而应本着发展性教师评价的理念,着眼于未来激励青年教师的成长! 面对青年教师的不足,学校应为他们提供规范,指明努力的方向,调动他们的工作积极性,充分发挥发展性教师评价制度的导向功能。

(二)切实加强班主任队伍建设,提高班主任队伍的专业素养

班级是学校的细胞,班级管理是学校的核心工作之一,而班主任则是班级管理的灵魂人物。众所周知,班主任有比较高的岗位要求,如教书育人的能力、管理能力,组织能力、交流沟通能力等,而陈教师在班级管理中,没能及时注意听取家长意见,不注重学生基本常规管理的落实,不注重争取课任教师的支持和配合,这一切不仅说明陈教师还不具备做合格班主任的基本条件,更说明学校对班主任队伍建设没能真正取

得实效,班主任队伍的专业素养有待提升,学校应从思想层面到操作层面,从理论层面到技巧层面给予年轻班主任更多的关心,指导,并适当施加压力,以制度来规范班主任的基本行为,具体地说,学校可从以下方面入手加强班主任队伍建设:

1 认真选聘班主任,科学配备班主任队伍

精心选拔教育教学经验足,能力、责任心强的教师担任班主任,有利于班级、学校秩序的稳定,有利于建设良好的班风、校风。坚持把具备"责任心、爱心"作为班主任聘用的首选条件。担任班主任首先由老师个人提出申请,根据教师提出的申请,学校领导召开专门会议,反复斟酌,周密考虑,结合班级管理工作的经验和所教学科的特点精心挑选、合理安排班主任人选。安排一些年轻教师、新教师担任班主任工作,让他们在实践中得到锻炼,尽快成长。在配备学校班主任队伍时,力求做到以老带新,以新促老,老少共进,形成比较合理的学校班主任队伍结构。

2 加强班主任队伍领导,有效落实班主任工作

班主任工作是学校德育工作的重要组成部分,为了切实加强班主任队伍的领导,把班主任工作落到实处,保证班主任队伍建设工程顺利实施,学校应成立德育工作领导小组和实施班主任队伍建设工程领导小组,定期召开领导小组会议,分析新形势下学校德育工作现状及存在问题,研讨解决问题的方法,给予德育管理实施者具体指导。德育工作管理由教导处进行具体实施,处下设年级组长,年级组长负责本年级内各班级的有关管理事务。班主任队伍通过这三级管理模式,层层相扣,互相兼顾,为德育工作畅通了渠道,为班主任队伍建设工程顺利实施提供了保障,形成强大的战斗力。

3 开辟多种管理途径,提高班主任专业素养

(1)建立班主任工作规章,并依照规章加强管理

学校可以制定《班主任量化管理考核方案》《班主任工作职责》《班主任工作考评条例》和《德育量化评分实施细则》等一系列规章制度。制度的制定可强化班主任岗位责任意识,促使各项工作按照学校要求有序地开展,使班主任工作更具规范性。

(2)建立班主任工作制度

主要形式:① 阅读学校指定的"班主任工作"经验介绍、"班级管理案例"等方面的书籍、资料,并写出心得体会。② 填写"班主任工作日志"、撰写"班级管理案例"。③ 要求班主任做好家访、写家访记录和体会。④ 带一个"问题学生"、帮助学生改变面貌。⑤ 每学期开设一节主题班会课。

（3）建立搭班老师工作制，培养班主任后备军

主要形式：① 跟班，分担班主任的部分工作。② 帮助班主任诊断班级学生的问题。③ 提出建设性建议。④ 写管理日记。⑤ 做好搭班主任工作小结。

建立搭班老师工作制的好处有两点：A. 由经验丰富的班主任对搭班老师进行手把手的，传、帮、带，发挥优秀班主任的引路人作用。B. 让搭班老师独立处理班级部分日常事务，形成班级管理的初始经验，获得班主任的真实体验、感受，并适当减轻班主任的繁重工作负荷。

（4）实行班主任例会制

每月开展一次班主任例会，强化班级管理的基本保障。主要形式：① 经验交流；② 问题诊断；③ 案例分析；④ 优秀班主任工作小结交流。通过班主任例会，总结德育工作经验，剖析工作中存在的问题，研讨改进工作的措施和应对策略，大家集思广益、群策群力，努力提高自身修养和管理水平，确保德育工作的实效。

新时期的班主任专业化发展，不仅仅是一个理论问题，更是一个现实问题，学校只有在管理中创设多种条件，让班主任在学习中发展，在反思中发展、在研究中发展，才能不断提高班主任的班级管理水平。

小学女教师身心健康的分析与对策

张　健

随着国家科学技术的不断发展,国家经济的日益强大,社会对教育的需求越来越高,对教师的要求越来越高,于是教师所面对的压力也越来越大。特别是小学女教师,因为她们除了与男教师一样要承担繁重的工作压力之外,还扮演着妻子、母亲等多重角色,与其他职场女性相比,她们承担了更多的社会角色。可以说她们的身心健康不但直接影响到自身的生活质量,也影响到社会、家庭,甚至下一代的健康成长。因此,关注小学女教师的身心健康具有十分重要的意义。

一、案 例 描 述

女人能顶半边天。要撑起学校半边天,就需要身心健康的女教师。她们的身心健康与否直接影响到她们教书育人的效果,有健康的教师才会有幸福的学生。而广大的女教师的身心健康实际上并不乐观,相当多的女教师身心处于亚健康状况,教师这一职业压力使小学女教师身体、心理疾病发病率已远远高出社会一般人群。不良的工作状态和过大的心理压力直接危害她们的身心健康。因此,关注教师的身心健康,缓解教师的工作压力,提高教师的心理素质,有助于教师的专业成长,有利于促进教育改革的进一步推进和人才质量的提升。

二、案 例 分 析

(一) 工作负荷压力

1 随着生活质量的提高,社会对教师的素质提出了更高的要求

以新课程改革为载体的素质教育的全面推行,使传统的教育价值观发生着根本的变化,严重冲击着教师的心理,广大教师面临着前所未有的竞争压力。就我校教师

来说,多数女教师认为自己的工作量大,工作琐碎,工作的时间已远远超过了 8 个小时,最长达 10 小时。而在国外,一般的班级只有 15—25 名学生,而我们的班级却有 35—40 名学生。基础薄弱学校的教师面临的问题就更多、任务就更重(主要由于基础薄弱学校的生源质量较差,很多学生没有养成良好的学习习惯和生活习惯,学生的问题行为很多,学生的心理素质也不好,教师在教育方面常要付出比一般教师多得多的努力)。

2 **学校名目繁多的检查、考评、验收,教研教改活动等也使教师穷于应付,疲于奔命**

教师为了不落伍,在工作之余,还要不断学习、不断进修,提高自己的教育教学能力。有些女教师想要在工作中有所作为,就必须要在公开课、优质课、理论研究等领域取胜。这也给女教师带来了很大的精神压力,导致身心健康水平下降。

(二) 复杂的社会压力

随着现代教育改革的推进,家长对子女期望值的日益提高,对教师素质提出愈来愈高的要求。社会对教师群体也特别关注。"人类灵魂的工程师"的角色定位使教师被赋予了太多的使命和责任,既是学生群体的领导者又是学校体制的被束缚者;既要做班级的管理者又要当好学生的良师益友。陶行知说过"德高为师",在学生面前,教师需要以榜样姿态和标准化、规范化的形象出现。正是这种角色定位使教师往往以清高自居,过分注重自己在学生心目中的高大形象,刻意限制自己并关心各种细节,不随意表达自己的思想和情感。在教育教学活动中,教师也是普通人,女教师相对男教师承受能力较差,产生巨大的精神压力,导致身心健康水平下降。

(三) 双重身份的压力

身为职业女性,在学校里,女教师必须和男教师一样对自己的工作勤勤恳恳,一丝不苟,努力使自己成为学生心目中的好老师。她们同样承担着事业上的压力,要面对学历竞争,职称与职位的竞争,成为学校具有敬业、进取和开拓精神的称职教师。在家庭里,女教师往往还要担当好妻子、好母亲、好女儿、好媳妇等角色,有繁重的家务,多方的期待。在一个家庭中,如果妻子是老师,那么 90% 的丈夫是不管子女的学业的。长此以往,我们的女教师很难将上下班分得很清。由于很难分清,所以,即便是下班回到家里,也很难静下心来处理家务。久而久之,势必会有家庭矛盾出现。有的女教师也会产生很深的负疚感,认为对于家庭没有尽到母亲、妻子、女儿、媳妇的责任,对于学生是心有余而力不足,对于自身,则找不到"自我",常常十分忙碌但没有成就感,连自己都无法认可。双重身份的压力常常使女教师有倦怠、心理不平衡、焦虑不安等情绪。

(四)健康意识薄弱

女教师在紧张忙碌的教书育人工作中,周而复始地上课、备课、批改作业,使她们往往健康意识淡薄,忽略了自我身心保健。主要表现为:生病后硬撑着上班;平时不参加体育锻炼;没有健康的生活方式;睡眠时间无法保证等。因此产生了咽炎、失眠、心悸、腰酸背痛、妇科疾病等"教师职业病"。女教师在刚开始有这样那样的病症后往往都不以为然,最终小病变大病,急性变慢性。另外,女性与男性在心理和生理上都存在差异,女性特有的敏感、细腻心理使女教师身处逆境时缺少自我安慰解脱意识,遇上事情容易钻"牛角尖"。而生理上的差别使女教师更容易产生疲倦感。

三、对策与反思

小学女教师的心理健康状况直接维系着千千万万儿童的健康成长。她们的健康不仅是女教师个人问题,不仅是学校问题,而是教育工作的一项系统工程,一个亟须引起全社会广泛关注的重大问题。

(一)加强女教师的师德师风建设

1 加强女教师的思想道德建设,坚持不懈地开展各项师德教育活动

如组织全体女教师认真学习党的基本路线、方针、政策,领会《中华人民共和国教育法》《中华人民共和国教师法》,教育部《关于进一步加强和改进师德建设的意见》中对教师的基本要求,学习学校的章程及相关的规章制度,对教师进行岗位职业道德的专项培训。

2 充分发挥先进女教师的引领作用

利用教师节举行"校十佳教师"的评选活动,对先进个人予以表彰,严格执行"师德一票否决制",在评选中学校也考虑到女教师所占的比例,通过评选活动,我们及时弘扬身边普通女教师爱岗敬业,严谨治校,为人师表,乐于奉献的先进事迹。

（二）树立竞争意识,展示自我风采

竞争无处不在,我们如果没有一点竞争意识,就很容易被社会所淘汰。因此,女教师要有忧患意识,多一些竞争意识,只有这样,方能有生存的空间,从而才不会被社会所淘汰。为此,学校可培养青年女教师,让有经验的老教师与青年教师结对子,帮助和指导青年教师备好常规课、上好优质课。每周,教导处有计划地安排1—2节展示课,组织青年教师集体听课、集体评课。在评课活动中,授课教师首先谈自己的设计思路和意图,反思教学过程中出现的问题及改进想法,然后,听课教师各抒己见、认真评课,既肯定优点又指出不足,还毫无保留地讲出自己的意见。通过这种面对面互动式的交流和研讨,青年女教师的业务素质和教学能力都有了不同程度的提高。同时,也锻炼了她们的意志,学会了坚持,让她们在工作中学会缓解心理压力,提高心理承受能力,增强抗压能力。

（三）做好女教师的心理辅导工作

女教师因其职业角色承担着来自社会和家庭的双重职责,学校女教师承受着来自外部和内在自我价值需求的多重压力,女教师在家里既是妻子,又是母亲,还是女儿,儿媳……多重角色加上烦琐的家务,不仅耗去了她们大量的精力,而且也带来了新的沉重的压力。学校工会更要关注女职工的身心健康,经常提醒、及时了解女教师的所思所想,鼓励女教师,扮演好多重角色,完成多重任务。在学校工会的努力下,我校女教师没有一人因为家庭原因而影响过教学工作,反而更多地得到了教师亲属的支持。

（四）及时维护女教师的合法权益

学校工会始终把维护女教师合法权益、关心女教师身体健康放在第一位。

首先,建立和健全维护女教师利益的各项规章制度,推动全校上下形成了一种人人关爱女教师的良好氛围,为女教师安心工作提供舒心的环境。每年一次定期组织女教师体检也是近年来工会实施的"教职工健康行动计划"的重要组成部分。根据体检结果,学校工会还会同校医务室为每个女教师进一步完善健康档案。学校女教师对此一致反映很好,对学校的这项福利政策表示感谢,她们认为定期做身体检查能使女教师了解自己的身体状况,从而或治疗,或加强锻炼,或注意饮食,从而能更安心地

投入工作。

其次，每年工会都会做好教职工互助保险工作，建立多层次社会保障体系，还建立了职工信息库，帮困基金表，根据《古北路小学教职工医疗补助资金管理使用办法》规定，实施好对困难教师的帮扶工作。对身患大病的教职工，学校工会和领导及时上门慰问，送去慰问金及慰问品。同时工会也为她们办理好各项理赔保险工作，真正做到关注职工生活，解决职工困难，保障职工利益。

最后，上海市总工会女工部组织的"平安女性团体重大保险"是提高女教师医疗保障水平，为女教师办好事办实事的一项工程，我校已经参保多年了，我校女教师中也有多人次获得理赔，这一参保活动深受女教师的欢迎。"女性疾病保险"是实施"女教师爱心帮扶工程"，对女教师实施医疗救助的重要内容，是对社会基本医疗保险的有效补充，保障了女教师在患大病后获得经济上的补偿，增加了女职工抵御大病的经济承受能力。

（五）组织丰富多彩的娱乐活动

女教师压力大、任务重，为了调动女教师工作的积极性，激发她们的热情，学校工会结合学校实际和女职工特点，独立开展了丰富多彩的文化娱乐活动。每年3月我们均举行女教师庆"三八"系列活动。参加区的姐妹运动会比赛，取得了好成绩。5月我们开展庆"五一"女教师读书月活动，每位教师读一本"红书"。9月、10月我们开展庆祝"教师节""国庆节""中秋节"等系列活动，选出校园十佳教师。12月开展庆"元旦"系列活动：排球、羽毛球、民间游戏等，极大地丰富了女工的课余生活，使她们更具凝聚力，工作积极性更大了。

总之，面对各种压力和挑战，教师难免会遇到各种身心健康问题，只有教师身心健康了，孩子们才能更加健康地成长。提高教师身心健康水平，对深化教育改革、提高教育质量意义重大。只要全社会都来关注教师的身心健康问题，相信教师的身心健康肯定能有所改观。

家校携手,合力共育,成就梦想

——古北路小学实施家校共育工作阶段性小结

苏晓燕

家校共育是长宁教育综改重要项目,也是学校进行课改的重要抓手。在家校共育实施过程中,我们健全组织机构,落实区域精神;以生为本,丰富共育内涵;凝聚合力,注重育人实效;实现了多角度、全方位、深层次的家校互动,提高了家校合力教育的有效性,共同促进了学生快乐成长、差异发展。

一、加强领导,落实区域精神

(一) 健全组织机构

学校成立了以校长为组长的家校共育项目组,教导处负责项目的规划制订,大队辅导员、班主任负责具体实施。成员分工明确,各司其职,有计划有组织地开展家校共育活动,把劳动计划、运动计划、"咕咕"故事荟计划的各项活动落到实处。

(二) 落实区域精神

根据长宁区"快乐拓展日"家校共育计划实施指导意见,以提升学生核心素养为抓手,我们开门办学,邀请家委会成员、社区有关部门人员共同商议,开发教育人力资源,招募社区、家长志愿者,参与学校家校共育工作,建立家庭学校社区间的新型教育伙伴关系,以期达成共同的育人目标。

我们先后开展了"学生家庭运动问卷""学生家庭阅读素养调查问卷"和"学生家务劳动问卷"的调研。通过数据分析,切实制订符合校情、生情的家校共育方案和项目实施计划。

二、以生为本，丰富共育内涵

(一) 分项实施，有序推进

劳动计划以"劳动最美丽"为主旨，通过"生活技能、美化生活、创意生活、创智生活"等4个板块开展实践体验活动。让学生主动参与"自我服务、自主劳动、家务劳动、班级劳动、校园服务、社区服务"等项目，掌握劳动的基本技能和方法，培养用创意丰富生活、增添情趣的意识，在动手动脑中享受创智生活所带来的乐趣。

运动计划以"健康与生活"为主题，以提高学生体质为目标，从生活实际入手，在锻炼中掌握生活基本技能，从图形、数字到自然生长来丰富学生的认知度，从而提高体能，体验体育的乐趣，使体育不再仅限于跑、跳、投，让学生在生活中寻找体育，感知体育，并收获体育所带来的欢乐与健康。

"咕咕故事荟"通过引进台湾"故事妈妈"工作室，采用家校合作形式，开展故事育人，围绕"听妈妈讲故事、共读好故事、创作身边的好故事、绘本好故事"等4个板块开展丰富多彩的活动。"咕咕故事荟"已成为家长与孩子情感沟通的桥梁，既促使亲子关系的融洽，又促进学校和家庭的有效合作，最终实现共赢。

(二) 构建框架，优化课程

根据学校五年发展规划提出的"让每个学生充满自信与活力"办学理念，我们以"快乐拓展日"课程活动工作的推进为契机，将基础型、拓展型课程与"家校共育"有机融合，合理构建"家校共育"课程框架，拓宽学生课程体验的时空。根据学生身心健康成长的需求，充分挖掘家长教育资源，从运动、劳动、"咕咕故事荟"三方面入手，研发了诸如故事妈妈、劳动小达人、泥塑、陶艺、3D打印等多项饶有趣味又符合家校需求的课程，丰富学生的教育内容和活动，满足"家校共育"的切实需求。

(三) 项目融合，特色发展

"GBB科学小实验"是校本科技课程，其课程内容是以引导学生通过动手、动脑来做趣味性及生活化小制作，学生在完成制作的同时，能观察和了解生活中的科技现象以及科学技术在日常生活中的广泛应用,享受创智生活所带来的乐趣。对学生作品的评价全权交给家长,以此来引导更多的家长主动和孩子进行良好的互动交流,陪伴孩子,欣赏孩子。

"故事妈妈"课程邀请家长志愿者走上讲台,通过一个个生动有趣的故事,告诉学生很多的道理,开启孩子们的心灵智慧。这些课程的开发,使我们意识到其实家长能参与到学校课程之中,成为课程的参与者和引领者,陪伴孩子学习、生活,是规范孩子行为习惯、实现性格养成的最佳时机。

（四）借助平台,科学评价

"古北家校共育平台"是本学期我校刚建立的家校交流平台,借助于信息化家校沟通平台,一方面是向家长传递学校课程的实施;另一方面也希望引入优质的家长资源助力学校课程,还可以通过平台大数据收集,做好过程性记录评价,形成学生的成长轨迹,通过过程性数据科学、精准的分析,进而更好地促进每个孩子全面而个性化的学习与成长。

三、凝聚合力,注重育人实效

（一）劳动让生活丰富多彩

家校共育劳动计划与基础型课程、拓展型课程、校本课程、主题教育有机融合,根据不同年段学生的身心特点,设计不同服务岗位和劳动内容。通过开展"争当家务小达人""校园小达人"等主题活动,引导学生积极参与校内外各项劳动实践。精心设计了家务劳动记录手册、校园岗位小能手记录手册,记录每天的劳动体验,在实践中感受到劳动的快乐与光荣。我们还请家长担任校外劳动教育指导者和评价者,督促学生劳动习惯的养成,巩固劳动技能。学校结合传统节庆、重要纪念活动,给学生创造各种劳动机会,体验劳动的乐趣。如元宵节,亲子合作自创独特的花式灯笼,利用生活中常见的素材加上奇思妙想,让传统佳节赋予创意;家长开放日,课堂上学生邀请家长评价学习表现;六一游园会,家长耐心指导孩子叠衣服、整理衣服的每个步骤……学生在劳动中学会合作,热爱生活。

（二）故事让童年充盈润泽

"用美丽的故事润泽孩子的童年"是我校"咕咕故事荟"的宗旨。在低年级引进了妈妈故事团队，招募了学校的妈妈志愿者，定期给孩子们讲故事，借用妈妈们的力量让孩子们从绘本中获得道理。在三年级我们结合语文实践活动，开展了"寻找校园中的美丽"，孩子们用笔记录下点点滴滴的美，汇成一则则小故事。在高年级我们开展了共读一本好书的读书交流会，孩子们以各种方式表达自己读书的感悟：有的共享精美句段，有的写出了读后感，有的创编儿歌，有的画出精美的绘本小故事……如今，多数学生已养成读书的习惯，学校里、家庭中，无时无刻不在享受阅读所带来的快乐。

（三）体育让生命充满活力

以"运动，让生活充满活力"为口号。从 6 月起，在全校实施家校共育运动计划，学校向每一位家长发出活动邀请，给出活动建议书，明确了家校共育运动计划的意义和目的，提供了活动项目和建议，从而提升亲子运动的操作性和实效性。同时，为学生设计了家校共同运动计划手册，其中包含了"运动与健康""运动与安全""运动与数字"等 3 个板块。"运动与健康"基于课标中的测试项目，适时地在家中开展；"运动与安全"基于运动中的安全和生活中的安全为主题设计项目；"运动与数字"则设计了各种和数字有关的运动。每一板块都有孩子记录、父母指导，教师建议等 3 块内容，使共育效果更凸显。学校结合快乐拓展日，开设亲子足球和武术活动，亲子运动会既增进了亲情互动，又为进一步促进学校家长与学生之间的交流和沟通架起了一座快乐的桥梁。

四、家校共育实施成效

（一）教师的育人意识、课程意识得到提升

在良好的家校共育氛围中，教师的育人意识、课程意识、课改意识得到了提升。教师根据学生个性开展劳动技能、运动能力、阅读能力培养和指导，拉近了家校合作的距离，营造和谐的家校合力育人环境。

（二）家长教育观念的改变及参与学校教育的意识和能力得到提升

通过家校共育计划的实施,家长认识到提高学生综合素养的重要性,积极参与各项家校共育活动,学会了更全面地评价自己孩子,从而改变了成绩第一的旧观念。我校已有90%以上家长能积极配合学校开展运动、劳动、"咕咕故事荟"计划。

（三）学生实践体验活动丰富多彩,综合能力不断提升

在家校共同努力下,学生在课程活动中锻炼与成长,自理、交往、表达、解决问题等能力不断提升;激发了学生热爱美好生活的热情,良好的生活、学习习惯自觉养成,各种技能灵活运用到实际生活中,积极主动地成为生活的小主人。

五、我们的思考

登高望远,提升认识。从新的、更高的起点,对标长宁教育综改项目的总要求,以"立德树人"的根本任务,以培养学生核心素养为宗旨,全面规划实施好"家校共育"。

立足实际,以生为本,课程融合,打造品牌。将家校共育项目与我校五年规划重点项目 STEM+综合课程的构建与实施,有机整合,进一步拓展课程融合的功能,在课程的构建和实施中,提升教师跨学科融合的功能,凝聚家校合力,探索家校共育新的有效路径,办家门口的好学校。

教育教学篇

艺术课堂，自信舞台

——简述音乐教学中的以情育人

周文婷

一、引 言

音乐能以真挚、生动、深刻的感情拨动人的心弦，比其他艺术更能爆发出火花，因此，音乐被誉为最具情感的艺术。在音乐教学中，我创造一切条件让学生充分享受参与音乐活动的美好、快乐等积极的情感体验，促使其情感不断丰富和深刻，用"情感"架起学生与音乐之间的桥梁，让他们的情操受到陶冶、心灵得到启迪。在教学《摇篮曲》时，我始终把学生的情感体验与表现放在重要位置，通过教学，让学生体验到母爱的温暖，学会表现歌曲安静、温暖、甜美的意境。

二、案例描述

首先，聆听"少年舒伯特"的故事，了解舒伯特的生平，学习他热爱音乐、坚持不懈的精神。其次，用柔美的声音演唱《摇篮曲》，表现歌曲安静、温暖、甜美的意境，感受母爱的温暖。再次，体验《摇篮曲》表达的内容与情感并准确演唱《摇篮曲》。

（一）营造氛围、酝酿情绪

1. 介绍舒伯特的故乡。同学们，今天我们的音乐之旅将到欧洲一个美丽的音乐城市去看一看，了解一下奥地利的音乐之城——维也纳。2. 学生观看课件，了解维也纳及金色大厅。

（二）自主学习，保持兴趣

1. 观看视频——少年舒伯特。教师：在维也纳，诞生了很多著名的音乐家，如海顿、莫扎特等。下面我们来了解其中一位著名的作曲家——弗朗茨·舒伯特。2. 学生观看课件,读一读,说一说:从舒伯特的故事中你受到了什么启发? 3. 教师小结:在我们的学习、生活中会遇到许多困难,我们要像舒伯特那样不怕困难、坚持到底。

(三)学习歌曲,感受体验

1. 教师讲述舒伯特创作《摇篮曲》的故事:舒伯特被世界人民称为"歌曲之王"。2. 学习歌词:师生一起有感情地朗读歌词。3. 听范唱,感受歌曲情绪。教师:读起这首小诗,我仿佛觉得自己是个睡在摇篮里的小宝宝,夜幕降临的时候,深蓝色的天空中,星星眨着眼睛,耳边传来妈妈动听的歌声。播放歌曲,学生静听《摇篮曲》。提示学生谈对歌曲情绪、速度、力度的感受。教师小结:摇篮曲,又称催眠曲。原是母亲在摇篮旁为使婴儿安静入睡而唱的歌曲,后来逐渐发展成为一种音乐体裁。摇篮曲的音乐形象一般都具有温存、亲切、安宁的气氛。曲调平静、徐缓、优美,充满母亲对孩子未来的热诚的祝福。4. 学生再次聆听,跟琴用"恩"轻唱歌谱。5. 听唱法学唱歌曲。(1)整体随琴听唱。教师:要让小宝宝入睡声音应该怎么样? 力度是强还是柔? 速度呢? 演唱时妈妈的心情怎样? (2)重点练唱带附点与装饰音的乐句。对比演唱带附点和不带附点的不同,感受摇篮"摇荡的感觉",引导唱好附点节奏。学生可模仿妈妈哄孩子睡觉的情形,随音乐摇晃身体或做拍宝宝的动作,进一步感受歌曲摇荡的感觉。装饰音的演唱"快"字的演唱,启发学生想象妈妈哄宝宝睡觉的心情怎么样? 装饰音演唱自然、轻声一带而过的感觉。启发学生边演边唱,边体验。表现出妈妈无限的温柔与慈爱。(3)闭上眼睛聆听音乐《摇篮曲》,感受躺在妈妈怀里睡觉的那种舒缓安详柔美的意境。6. 完整有感情地演唱。教师:让我们把自己想象成依偎在母亲怀抱里的婴儿,或想想自己的母亲,感受、体会一下,用柔和甜美声音,恬静、舒缓地演唱这首《摇篮曲》。学生表演:学生上台表演,生生评价,师生评价。

(四)品味亲情,回报感恩

教师:听了同学们演唱,我感受到了你们与妈妈之间深厚的爱。为了我们的成长,妈妈付出了许多。妈妈的恩情像温暖的阳光,无时无刻不照耀着我们,我们要感谢妈妈。在平时的生活中,你是怎样表达对妈妈感谢的? 学生用简短的话讲述自己与妈妈之间的故事。

（五）课堂小结，回味母爱

教师小结：在妈妈的呵护下我们健康地成长着，让我们怀着一颗感恩的心去回报我们的妈妈，回报我们的家人。让我们唱着音乐家舒伯特的《摇篮曲》，再次回味一下那浓浓的母爱吧！

三、案 例 评 析

情感效应的主导方面在教师，学生的情感是靠教师来激发的。音乐教师在课堂上应该富有激情，从而以情动人。在教学《摇篮曲》时，我采用主持人式的开场白："同学们，今天我们的音乐之旅将到欧洲一个美丽的音乐城市——奥地利的维也纳去看一看。""维也纳是一座历史悠久的音乐名城……"课件中维也纳美丽的风光一下子就把学生的情感调动起来了。教师亲切、随和的教学仪态创设了一种轻松、愉悦的学习氛围，学生在一种积极情感的驱使下，很快投入音乐活动。在教学过程中，教师重视学生的情感状态，优选、设计出最能激发和调动情感的教学方法。教师挖掘教材中的情，从情入手，培养学生的音乐听觉感知能力，充分运用教学各环节，通过情感来拨动学生的心弦，使学生将自己的全部感受全身心地融入音乐作品中，使其得到美的享受。"少年舒伯特"的故事让学生从中了解舒伯特不怕困难，坚持作曲的精神。这一环节运用课件演示并讲解故事，学生安静地聆听着。听完故事，学生谈起自己的感受。看得出，学生都被舒伯特的故事所感动了，他们心里升起了对舒伯特的敬佩之情。《摇篮曲》用美的音响、美的形象、美的情感引起学生的共鸣，美化心灵，使人身心愉快。当优美的旋律响起时，学生安静地聆听着，很快就进入音乐的意境中，体会到那种安静、温暖、柔和的感情，感受到妈妈对孩子的那种浓浓的爱。通过有感情地读歌词、随音乐做动作体验摇篮的摇荡感、用轻柔的声音学唱歌曲、理解歌曲中附点音符、前倚音运用的特点这些音乐实践活动，让学生自己主动感受、体验，他们是活动的积极参与者。在品味亲情、回报母亲这一环节，教师让学生说说自己在"三八妇女节"这天，是以什么方式表达对妈妈的爱的，学生纷纷回答，"我送给妈妈一张贺卡""我送给妈妈一束花""我给妈妈唱了一首歌"……从他们的回答中，看得出孩子们懂得了妈妈对自己无私的爱，知道用行动回报自己的妈妈了。孩子们用他们优美的歌声、不同的形式表现出热爱妈妈的情感。让我们的学生在音乐课堂感受民主、平等的师生情;健康、愉悦的音乐情,为他们的童年生活带来美的享受和无穷的乐趣。

基于班级奋斗目标，引导小群体健康发展
——携手家长共建班集体

叶立凤

一、家班共育的理解

"家班共育"是为建设班级文化的班主任们，提供了一条新思路。携手家长，才能共建良好的班级文化，促进班级良性的发展。一个人的力量是有限的，要营造良好的班风、健康的文化氛围，不仅依靠班主任和学生，更要靠我们的家长。家委会成员以点带面，带动更多家长们参与家委会的职能，为学生的发展、学校的发展、教师和家长的成长做出更大的贡献。

二、案例介绍

都说三年级是学生的一个转折点，但我觉得四年级这种转变更明显，本来眼中的"乖宝宝"，都开始有自己的思想和主见，并显露出来。随着学生年龄的增长，我发现班里存在多个小群体，他们利用手机微信群、QQ群传播一些不良的游戏信息，说些不得体的同学间的小秘密，甚至还有直接在群里发布学校作业的答案。有趣的是，他们群体间还经常发生"内乱"针锋相对，出现同学间互相诋毁指责的现象，摆不平就跑来找我打小报告。这些小群体现象已严重破坏了我们班级内部团结，阻碍班级目标建设的达成，使集体荣誉感丧失，班级凝聚力不足，学生精气神也不佳，脾气浮躁，碰到一些小事就像被点燃的烟花爆竹，噼里啪啦在班级里炸开了花……

三、案例分析

（一）小群体特点分析

我班女生 15 人，男生 15 人。随着科技的发展，大部分小朋友都有自己的手机、平板电脑和智能手表，部分学生开始拉帮结派，一下课就看到他们躲在厕所里偷偷用智能手表添加为好友，他们有自己的聊天群，形成小群体，而且这些小群体还常常把家长和老师屏蔽在外。这些小群体的"诞生"有着这样几个共同点：这些学生有的是性格相似，有共同的爱好和需求；有的是同学之间住得比较近，经常一起上下学，课余时间经常一起约出来玩；还有的是在同一个补习班上"偶遇"，通过家长互相添加为好友。我想小群体的诞生是正常现象，但它就像一把双刃剑，用得好可以配合班级目标的建设增强教育的辐射性，但用得不好，就会阻碍班级目标的建设，破坏班级风气和凝聚力的建设，更可怕的是还会制造出很多的是非和争端。因而我准备基于班级奋斗目标来引导小群体健康发展，携手家长共同参与，引导学生拥有正确的价值观和行为表现。

（二）家班共育策略探讨

1 携手家长共构科学合理规章制度——给小群体一把"锁"

班级规章制度的建设是每学期班级目标达成的保障，是班级正常秩序得以维持的保障机制，是班级文化的内在机制，对提升班集体组织效能、促进班集体的稳定与发展、班级成员的归属、认同与沟通等很多方面都发生着重要影响。因此，对一个班级而言，班级制度文化的建设无比重要，携手家长，会让此项建设更为高效。

以往，我和孩子们利用班会课的时间共同商议，采用各抒己见、小组提议、投票表决等公平方式，共同拟定出属于我们自己的"你我约定"。该约定涵盖校内学习、文明、生活、卫生、运动、纪律、安全、其他等八方面，形成同学们在校生活的准则。现在在和家委会成员的共同商议下，我将班级管理精细化，从校内辐射到校外，既然小朋友已经有了自己的小圈子、小群体，那我们就在规章制度里再加入一个"健康健美快乐群"的评比。我和家长通过摸排了解每个小群体的人员构成，再通过各种实例让学生知道文明使用聊天工具的重要性，对学生起到震慑作用。在家委会成员的建议下,我又用巧计安插几个"眼线"进他们的聊天群,时刻帮我监督群里的动向,这眼线既有学生也有家长,一有"苗头"就即时个别约谈,让学生们知道自己的言行始终是受到关注的。

"你我约定"和"健康健美快乐群"评比表一出炉,孩子们倍感新鲜,实施起来效果显著,可是长此以往,没有实际的鼓励去强化他们的行为,许多同学又纷纷打回原形了。我和家长商量沟通后,家委会立马行动起来,在网上定制一张"比一比,谁飞得更高"的"班级奖励表"。每周对"班级评分表"进行统计,凡是分数不为负分的同学,都能在"班级奖励表"上画上一只小鸟,(因为我们的班名叫"机灵鸟中队")期末进行汇总,看看谁的机灵鸟最多,谁"飞"得最高,不但家委会给予奖励,学校的选优评比,优先选兴趣课也要和这项挂钩。孩子们兴趣盎然,且持续性强,我和家长皆倍感欣慰。

在实施了这两项制度后,我发现布置起任务来更得心应手了。近期,我发现班中有相当一部分同学劳动不够自觉,对于班级值日任务责任感不强,而且卫生观念不强,总为洁净的教室和校园添置出碍人眼球的垃圾,我想这跟他们在家中养尊处优的习惯有关。于是,我发动家长和小勘察队长策划了"周末劳动最光荣"活动。每周主题不一:"打扫自己的房间""帮爸爸妈妈洗碗""今天我当家"……完成与否,在各自的群里发布照片或视频,一切交由小群体成员自己评判,且纳入"健康健美快乐群"评比中。原先那些并不关注小朋友聊天群的家长们也开始纷纷响应,大呼"叶老师的周末劳动最光荣作业是我们家长的福利"。"感谢老师布置这么棒的作业!"孩子们的家务意识越来越强,人也变得越来越能干,可喜的是,我们的班级也越来越干净、整洁。这全归于孩子们的乖巧懂事以及我和家长们的紧密配合。

❷ 家长联手互助共设丰富多彩班级活动——小群体融合成大集体

组织班级活动是建设班级文化的重要途径,班主任老师在开展班级管理工作时,也应该非常重视班级活动的创设与开展,以活动促发展,在活动中培养学生的能力,挖掘学生的潜力。但长此以往,我发现自己绞尽脑汁也创设不出更多有新意的活动来,而且,学生在校活动完,也不会主动和家长说我们班今天举行了什么有趣的活动,一学期下来,有些家长都说不上自己孩子在学校里参加了哪些活动。因此,我想不如动员家长来班级联合搞活动,学生有自己的小群体,家长也有自己的小群体,发动学生在自己的群里比一比,"夸夸谁的妈妈、爸爸本领大""家里我最听谁的话"等群讨论,挖掘家长志愿者,让家长志愿者来给小朋友们上丰富多彩的主题教育课,再邀请

"明星"家长来给有困难的家长传授教育孩子的经验,把好的经验或解决问题的方法传到自己的群里,这样一来学生、家长和老师之间会产生更多的共鸣。小群体就像一个个的点,班主任只要做好牵头工作就能把它们串起来,小群体融合成大集体。下面给大家介绍两个实例:

(1) 邀请家长来为小朋友上"食品安全"主题教育课

本学期我校围绕"食育"开展了一系列的活动,其中,我就抓住契机邀请了我班任意小朋友的妈妈来给大家上一节别开生面的食育主题教育课。

任意妈妈在课前精心备课,将自己的教案和媒体发给我,让我提提意见,又能及时调整,还为每一位小朋友提供了各种健康和不健康的食品作为教具。(课后还奖励给小朋友健康的零食)

在任意妈妈的讲解下,小朋友们的学习积极性高昂。通过一个个生动的案例,和一次次对眼前食品的指点,懂得了不健康食品的危害。小朋友在课后感言:"今后我再也不吵着让妈妈给我买果汁饮料和不健康的零食啦!"

活动效果很好,我发现让妈妈来说课比老师来说课更有亲切感和说服力。

(2) 发动小群体,以群为单位合力制作亲子美术作品,培养创造能力

在班级教室美化的初期,为适时培养孩子们的创造力,我布置孩子们完成"变废为宝,手工制作"作业,可以和父母共同完成,制作的主题便是我们班级文化的主题"美在身边"。可是到了交作品的时候却发现好作品寥寥无几。我分析了原因后大致是学生四年级了,课业负担比以往多,随便做一下交差就好,家长的热情也不像一年级时那样高涨。于是我又发动学生以自己的群体为单位,邀请有时间和能力的家长一起来设计制作一件工艺作品。学生们接到任务后非常兴奋,第二天就微信截图给我,看她们聊天群里的互动和作品雏形,有些家长也很感兴趣,和孩子们紧锣密鼓地筹备起来:唐鸣珏在妈妈帮助下用废旧瓶子制作飞机模型、孙建搏和爸爸一起用彩泥和硬纸板制作了"深海蛟龙号"、胡俊和妈妈一起用平时收集的弃置纽扣制成彩色的热气球,一组"科技强国"主题作品就出炉了……

孩子们创意无限,家长们配合默契。随后,"美在身边"分享会愉快开展,"小发明家"们轮流上台介绍作品,描述和小朋友合力制作时发生的有趣事。最后,这些小制作全部亮相学校展示平台,作为我们班的集体美术展。有些作品虽不够完美,但却透露出孩子们对身边美的发现和热爱,也在做的过程中增进了亲子关系,让平时"忙"于玩手机的爸爸妈妈们放下手机,陪孩子们一起去发现美、创造美。通过学校提供的

展示平台,不断鞭策我们"机灵鸟"中队的小朋友们不断进步,越飞越高。

今后我们班还将在家长的鼎力支持下,举行形式多样的班级活动。班主任若善用家长力量,创设丰富的班级活动,必能给学生提供广阔的学习空间,在活动中渗透积极、乐观、团结、创新的学习品质,逐步养成良好行为习惯,进而形成具有本班特色的班级文化。

(三)成效与反思

基于班级奋斗目标来引导小群体健康发展已初见成效。家长的态度和教育孩子的理念有所改变,原先对孩子聊天群里的内容漠不关心的家长,也会主动让孩子拿出手机看看自己的孩子最近在聊些什么,班级里又有哪些有趣的活动了,有的家长看到群里有家长志愿者的需求时会主动来联系我,想来参加班级活动。通过小群体的联动,家长也会正确看待问题了,以往班级里小朋友发生一点鸡毛蒜皮的事情就会听信自己孩子的一面之词怒气冲冲来校质问,现在有了小群后,群里的目击者更多了,更能还原事情的真相,班级中同学之间的一些小摩擦在他们自己的群里就能和和气气地化解掉,不用再让我费心费力地调查和调解了。

班级奋斗目标的达成不是仅靠班主任之力便能一蹴而就的,它需要一个长期积淀的过程,更需要架起桥梁,家校携手,大胆实施,不断创新,方能开辟出班级文化建设的一片崭新天地,共促孩子成长发展。由于有了家庭教育力的强势发挥,特别是家校教育力量的有机整合,我班在班级文化建设方面形成了强大的家班合力。在此合力之下,学生们得以受益、体验、成长,我本人也找到了更为有力的左膀右臂。

小学体育学科基于课程标准的德育实践叙事研究

金仁杰

一、绪　论

（一）选题原因

体育与德育，是"你我交融"的关系，它们密不可分。体育教学对学生身体健康的作用，对人体磨砺的作用，是并行不悖的，德育则是体育效能的催化剂。

在长宁区"三个绿色指数"落实的今天，"身心健康指数"使得德育的作用和价值得到真正的体现，但为防止德育"说起来重要，做起来次要，忙起来不要"的为难地步，所以我们通过"闲步华尔兹"式的德育渗透，在体育教材教学中把相关德育内容渗透其中。注重学生人格的培养，是体育教学的题中应有之义。

（二）研究目的与意义

本论文的目的：旨在仔细研究《课标》的前提下，对沪少版小学体育教材作一个文本分析，深层次地梳理与挖掘其中蕴含的德育因素，然后设计合理的叙事方案，在小学体育教材的实际教学中，有效渗透这些德育因素。

本论文的研究意义在于：

1. 可以体现体育教学的教育性原则，促使学生"身心健康"。《体育与健身》（三至五年级，沪少版）"跳上成跪撑——跪跳下"教学内容的教学建议第三条明确指出，在利用跳箱进行练习之前，要进行保护与帮助方法的教学，通过学生之间的伙伴合作互助完成练习。

2. 对小学体育德育实践叙事的研究进行进一步补充。已经有许多相关的文件提到了要进行德育渗透。比如《关于整体规划大中小学德育体系的意见》《小学课程标准》《中小学德育大纲》等，许多学者都有专门的德育渗透论著，如特级教师徐阿根主编的《体育教师话德育》等,本论文是在这些理论的指导下完成的,在一定程度上也可对其起到一些弥补作用。

3. 充分论证体育学科具有强大的德育功能。《体育与健身》(三至五年级,沪少版)"身体活动"章节中,明确提出通过《创意活动》栏目的学习,培养学生的观察能力、交流能力、思维能力和合作能力,为学生的可持续发展服务。

4. 有效提高学生的意志品质和体育道德水平。

5. 对自己教学实际中的行为、方式方法进行反思,提高自己的教学质量。

6. 可以为其他教师在自己的学科中进行德育渗透提供借鉴依据。

（三）研究方法

1 文本分析法

主要是结合新课标对《体育与健身》(沪少版)进行文本分析,对教材内容进行分析,挖掘其中所含的德育要素。

2 文献分析法

解读相关的专著、权威的学术期刊,对其进行分类筛选、思考整理,掌握目前相关研究的最新进展,为自己的论文选题和写作提供必要的依据,以使本研究能够在前人研究的基础上有更进一步的发展。

3 叙事研究法

结合自己的个别教学经历,选取相关案例进行叙事研究。

（四）文献综述

本文在"中国知网"以学科德育叙事研究为主题搜索获得相关文献,并参阅了相关书籍与期刊,还参阅了《体育教师话德育》(上海教育出版社)。

二、文 本 分 析

（一）对课标的解读

小学体育与健身教材内容由身体活动、身体表现、身体娱乐三大板块组成,三大块内容分别由三四栏目组成。三大板块内容都要求培养学生的观察能力、交流能力、思维能力和合作能力,为学生的可持续发展服务。

(二) 沪少版教材中德育因素的分析

《体育与健身》(沪少版)教材中的育人资源较为丰富,渗透条件具备,具体可表现如下4个方面:

1 身体练习本身蕴含着磨炼品质的"客观资源"

如四年级教材"25米2分钟往返跑"既需要体能耐力,也需要由意志品质所激发的"德性耐力",这两种"耐力"共处此教材的教学之中;足球、篮球和排球等项目,其运动形式表现为"集体参与",而获胜的基本前提则是:良好的技术和技能+规则的有效运用+配合默契的协作精神。

2 体育与健身教学的动态性具备了渗透人格培养的"时空基础"

体育课上,每个学生都在参加教师设计或学生自创的各种身体活动,他们的思想、言行会自然地表现出来,而体育课一般又是在操场上进行的,具有活动空间大、学生之间近距离接触频繁且竞争激烈,干扰因素与突发事件较多等特点,学生的个别差异与行为特征也易于暴露,这为德育渗透提供了极好的切入机会。教师应把学科德育贯穿于课堂教学中,关注学生学习进程中的态度、动机、注意力、情绪、意志、自觉性、积极性等心理因素及其问题,不失时机地加以引导,让学生在不知不觉中认识生命、关爱生命,感受品德教育内涵,认识良好品德对体育与健身学习的积极作用。

3 体育与健身教学的参与性具备了渗透人格培养的"实证平台"

这里的参与性是指让学生亲身经历各种身体练习和健体活动,以培养学生良好的思想品质,促进学生个性和谐发展。一般来说,其他课程往往通过传授学科知识、阐述伦理道德进行教书育人,从而让学生明事理、分善恶、辨真伪,以提高学生的思想道德水准。而体育与健身教学则以"健身育人"为主旨,把学习目标的提出、内容主题的确定与学生经历身体活动、心理活动,开展合作、战胜困难等过程有机联系起来。如通过跳高、跨栏的学练,培养学生勇敢、顽强,敢于挑战的良好品德;通过各种形体、艺体、舞蹈和武术等学练,培养学生感受美、欣赏美、表现美等健康审美品质,传承民族民间体育文化。

4 体育与健身教学的社会性创设了渗透人格培养的"特定环境"

这里的社会性,是指体育与教学中学生所处的特定"社会"环境,此时学生需要学会互相依赖、分工与合作,经历社会角色的学习和个性社会化的过程,并按照既定的活动(游戏)规则,表现出正当的体育行为和道德水准。体育与健身课堂是学生参与学习的"小社会",是培养学生诚信等品质的"大熔炉"。

三、小学体育学科德育实践叙事研究

(一)思路与过程

本论文的研究宗旨,是对小学体育与健身学科德育的叙事研究,主要是通过挖掘、开发体育与健身教材中的德育因素,有意识地将其在体育教学的各个环节进行渗透,对学生在个体品德发展方面产生潜移默化的影响,是以自身的教学经历对小学体育学科德育进行研究。

(二)案例与分析

案例 1:

抓住"失误"不放……

案例背景

古人云:"忠言逆耳利于行;良药苦口利于病。"今天,我们能在苦药里加甜或在苦药的外面包上各色美丽的糖衣,使苦药不苦口还利于治病。那么对于使用批评语最多的教师,我们对学生诚恳教育的话,我们为什么不能运用适当的语言艺术使之顺耳、悦耳、入耳? 教师在教育教学管理中巧妙地抓住时机,并运用批评的技巧使忠言顺耳,对待师生、生生问题,使忠言如春风拂柳,似细雨润物。不仅可以解决教育教学管理中的矛盾问题,还能融洽班级气氛,增进师生、生生间友谊,达到事半功倍的效果。

案例描述

这是一节二年级的拍毽子课,在授课时,有 A 同学一直在随意胡乱拍毽子,正当我要前往询问该生怎么拍毽子的时候,A 同学将毽子拍到了篮球筐上没掉下来,其他同学迅速跑过来,说:"老师,A 同学将毽子拍到篮球架的篮筐上了,你快去看看吧。"于是,我随学生来到 A 同学旁边,他尴尬地看着上面的毽子。前面不按老师要求胡乱拍毽子的情景瞬时出现在了我的眼前,本想批评一下他再拿下毽子给他,可一想觉得这样一味地批评他,等拿到毽子又会胡乱拍毽子,批评不起作用怎么办,正当我思考怎么处理时候,旁边一位学生说:"那么高也拍上去肯定用了很大力气","对!"我接口道,"同学们,你们说是不是 A 同学在拍毽子时候用力不当造成毽子拍上篮筐的?"同时,我又对 A 学生提问"拍毽子哪里用力?用多大力适当?好了,同学们,我们把毽子取下来,让 A 同学再调整一下拍毽子的力度,让他再拍给我们大家看看,好吗?"其他同学散开练习时候,我取下毽子对他看了看,他不好意思地低下了头,并认真地练习起来,经过一段练习时间,在集中展示时我将 A 同学请出展示拍毽子,A 同学不仅赢得了同学们的掌声,而且也学会了更多的拍毽子方法。我走过去拍了拍他的肩膀,他也没再低头,而是抬起头会意地笑了笑。

案例评析

时机是有效教育的关键,"抓住时机"就意味着抓住恰当的时间,在恰当的场合,对恰当的对象,结合恰当的事件进行有效的批评、教育和引导。古人做事讲究"天时",对学生进行批评也要抓住时机,因势利导。"时过然后学,则勤苦而难成",时机把握得准是批评教育取得成功的重要条件。学生犯错后,批评时机的选择是非常重要的。时机稍纵即逝,教师面对犯错的学生,要有抓教育时机的强烈意识,如果批评时机选择恰当,就有利于学生认识错误的根源,更利于改正错误。该案例中,A 同学因为自己胡乱拍毽子而导致将毽子拍到篮圈上,这个"失误"就是恰当的时机,应该抓住这个"失误"不放,让全班同学一起督促,又让全班同学复习了一遍拍毽子的技术动作;同时又要注意批评的技巧,盲目地训斥其胡乱拍毽子不仅没有起到教育的效果,还可能导致逆反心理和重复地犯错。在教育的过程中,教师要想到:学生虽然不成熟,想法片面简单,但他们是一个独立的人,有自己的兴趣、爱好、情感、欲望,有自己的尊严和独立人格,应将他视为独立的人来尊重、信任,不能强迫他们接受自己的意见和教育措施,要相信他们能接受教育并改正错误,这样才能使学生尊重和信赖教师。

批评和表扬一样重要,在二期课改中往往以表扬和鼓励学生为主,但批评也是不可缺少的教育方式,老师要把握批评的时机、掌握批评的技巧,使学生明白自己错在哪儿,更应指出对在哪儿并且懂得应如何去做!不仅要教育学生,而且要注意方式方法。总之,生活在一个个团体中,批评别人,听任批评都是难免的。教师在工作中过多地进行偏颇教育、唠叨教育、直接教育等都是不可取的。避免无用的批评,适时适度地善用批评才是明智之举。

案例2：

体育作业巧布置　培养终身体育观

案例背景

　　根据我校家长问卷实际调查,现在我校大多数的孩子在放学回家后几乎没有任何体育活动,"写作业、看电视、玩电脑,孩子一回家就不出门了。这样的生活方式对增强学生体质及培养其运动习惯显然非常不利,但很多家长并没有意识到这一点,他们更关注孩子的学习成绩,却很少关注孩子的运动量够不够。"此时,体育家庭作业该如何布置,给学校体育教师打上了一个问号。

案例描述

　　学生：我讨厌不喜欢；**家长**：力不从心,逐渐反感。

　　布置情况：小楠同学是我所授的一位二年级学生,她的跳绳水平一般,连续跳在30个左右,处于班级中下水平。一次,我叫小楠同学带根绳子回家,让她每天放学后在家里小区完成跳短绳的相应个数,把完成的个数登记在作业单上并且家长签字。当天没完成要求的第二天继续按原要求完成,完成要求后再提高难度,在指标上提升了几个数量;在起初的几天里,小楠竭尽所能完成,随着难度日益的增大,小楠完成要求的次数越来越少,家长也从关心至日趋不屑,然后最终是学生和家长都有点力不从心,逐渐反感体育作业。

　　学生：我试试再加几个；**家长**：共同参与,微信分享。

　　布置情况：这次,我先把小楠同学叫到学校花园处,耐心地和小楠聊了聊回家跳绳的事,她也非常坦白,一方面觉得完成不了,主要方面还是来自家长的催促快点回去看书,于是我把原先完成的要求降低了一大半,小楠眼睛顿时闪亮地看着我："真的吗？""对,真的"我说。第二天小楠很开心地拿着作业单来上交,之后一次的布置,我没有加大难度提高完成的数量,而是维持了原来的数量,小楠还是很开心地拿着作业单来给我,这样的要求重复了三次,第三次小楠拿作业单给我时说,"金老师,要不要提高几个？"我就在她的作业单上规定的数量上加了一个符号,一个"+",我就告诉她,"你看你能在金老师的加号后面写几？"之后,小楠总能在规定要求下超额完成,时隔一学期小楠继续在家坚持完成各项体育作业,后来小楠还组织了跳绳总动员,全家齐出动,大家一起跳,她的父亲还拍了微信小视频给我。

案例评析

　　通过前后两次不同的体育家庭作业布置方法,小楠同学及家长反映出的对体育作业的表现也是不同的,所以,我们布置体育家庭作业的初衷和目的要明确,说是体育教学的延伸也好,提高体育成绩也罢,甚至是调节和改善家庭结构也好,以及说是自觉锻炼的有效形式,或是自觉参与体育活动的途径等;最终,我们应该是为培养学生的终身体育锻炼的习惯打下坚实的基础。所以我在体育家庭作业的布置中采取"1+X"的方式,"1"代表规定数量是基础要求,且该基础是学生所能够达到的要求,"X"代表自主部分,让学生能轻松自觉地完成练习,关键体现坚持的意志品质。让家长也乐于接受,不再使体育家庭作业成为负担,而最终流于形式。

终身体育锻炼习惯该如何培养? 体育家庭作业该如何布置? 两个宏观问题,无意中在我的一次体育家庭作业跳短绳中相融合了,现在,学校、家长和社会对学生体质健康的关注度越来越高,很多家长都比以前更重视孩子的身体素质。但眼里只有学习成绩,无视孩子体育活动情况的家长仍大有人在,在布置体育家庭作业时候,更是有部分家长怀疑"学校把自身应当承担的体育教育责任转嫁给了家庭"其实,殊不知提高身体素质,培养终身体育锻炼的习惯,仅仅推行阳光体育活动,依靠学生每天在校锻炼 1 小时,是完全不够的,更多的应该是家校联手,共同培育才能向这个习惯养成靠拢。在布置有效的体育家庭作业,以调动学生的主动性和积极性为主,让学生在运动中体验到快乐感和成功感,促进他们自觉、积极地进行锻炼,逐渐形成对体育的热爱以及经常参加运动的良好习惯,从而逐步建立终身体育锻炼的习惯。

梁启超在《少年中国说》一文中指出:少年强则国家强。让学生有一个健康强壮的体魄,让一个民族更加强壮不再戴上东亚病夫的帽子,那么从学生时代开始就要培养终身体育锻炼习惯,而体育家庭作业"1+X"值得尝试!

案例 3:

STEM+游戏 体育乐无穷
——二年级"30 米快速跑"教学反思

30 米快速跑比较枯燥,在课中利用"线段公理"进行引导授课。二(3)班学生活泼好动,善于模仿,想象力比较丰富,但自控能力相对薄弱,注意力不集中,课中采用了以小组合作方法来激发学生的学习兴趣,让学生能够积极地参与到练习中,提高学生的奔跑能力。整节课上下来有以下几点较好:

(1) STEM+游戏,其乐无穷

30 米快速跑的教学一向比较枯燥。在本节课中,利用"两点之间线段最短"的

"线段公理"引用在教学过程中,并且设计了贴切学生的学校——家的路线,在为别人设置回家路线时为自己设置回家路线,自然地了解直线和曲线,让学生创设一个宽松、生动活泼的学习氛围,使学生在轻松愉快的气氛中获取知识、掌握技能。并提示道路行走文明礼仪,注重交通安全。

(2)团队合作,尽享快乐

学生6人一组,互助式的学练形式,目的是为了让学生不仅参与了体育活动,还能在活动中学会交往,体验互帮互助所带来的乐趣,在设置回家路线这一游戏时,小组更要团结一致摆放标志盘,通过不断的互助练习,促进学生合作意识的形成,多给学生一点空间,让他们去尝试、去交流、去创造,让他们成为课堂中真正的主人。

(3)层层递进,体验成功

只有在课堂上充分调动学生的积极性,把他们的注意力转移到体育活动中,让他们对所学的内容产生兴趣,才能主动而愉快地学习,课堂的气氛就大大改观,才能达到良好的教学效果。本课内容从 STEM 游戏入手,由易到难,层层递进,逐渐剖析 30 米快速跑跑成直线的重要性,让学生在练习中逐渐体会到成功的乐趣,激发学生对跳跃的兴趣。

案例4:
古北路小学体育学科低年级学段基于标准的教学与评价活动方案
活动背景

新课程改革倡导"立足过程,促进发展"的课程评价,这不仅是评价体系的变革,更重要的是评价理念、评价方式和评价主体的变革,也是社会评价价值观的变革。社会在进步,社会的价值取向也在改变,而学生的学习的评价不仅是对学生个体评价,也是引导学生评价向社会多元评价方式转变的一条重要的渠道。同时,学校体育是终身体育的基础,运动兴趣与运动习惯是促进学生自主学习和终身坚持锻炼的前提。因此对小学生体育学习评价方式的研究,有利于促进学生的全面健康发展,适应社会多元评价,提高学生的社会适应能力,促进学生学习方式的转变。形成一整套从体育教师、学生自我、同伴、家庭和社会在小学生体育学习中评价的激励的方案,从而有效地促进体育课堂教学质量和学生学习能力及身体素质的提高。

活动目标

(1)反映学生学习及身体健康状况,激励学生积极参与体育锻炼。

（2）掌握并分析学生在体育活动中的问题,及时改进教学过程。

（3）全面了解学生的需求和困难,帮助学生科学地锻炼身体,了解学生的健康成长状况,使学生养成终身坚持锻炼的习惯。

（4）评价中应该关注学生对体育锻炼的态度,既要注重锻炼的结果,更要关注锻炼的过程,提倡多把尺子衡量学生。

活动主题

运动大王联盟。

时间安排

第17—18周。

活动内容

1分钟跳短绳:跳绳小能人跳17个、跳绳小达人跳87个、跳绳大王跳103个。

小小飞毛腿:飞毛腿小能人12秒6/13秒8、飞毛腿小达人10秒6/11秒8、飞毛腿大王10秒4/11秒2。

旋风小子:旋风小能人700（肺活量指数）、旋风小达人1 300/1 000、旋风大王1 500/1 200。

柔韧大王:体前屈小能人0/2.4、体前屈小达人11/13.4、柔韧大王13/16。

实施步骤

前期准备:教师说明运动大王联盟评选标准,并以家校共育运动计划,鼓励家长与学生一起参与。

活动实施:在体育课中、体锻课中进行小组评和教师评相结合。

活动总结:最终评出各运动项目的大王,组成运动大王联盟。

结果呈现

体锻课"运动大王联盟"集中展示、校园十大之星"体育之星"推荐、联盟海报介绍。

（1）总结

通过一学年的实践研究,笔者发现体育教学实施德育实践渗透,既要坚持育人规律,又要结合体育教学的特点,主要表现:

一是利用课堂常规实施。课堂常规是指体育课堂正常教学所必需的一系列要求与措施。它对保证课堂教学过程的顺利推进,使学生更好地掌握体育健身知识、技术和技能,锻炼身体、增强体质,防止伤害事故的发生,以及培养学生的好思想、好作风,对达成体育学习目标有着重要的意义。实施课堂常规是使学生明确上好体育课,不仅是一项"严肃"的学习要求,而且也是对教师劳动的尊重,是完成学习任务所必需的。

二是结合课堂教学特点。体育教学是一项集体明显的身体活动,有着严格的组织性、实践性。教师在教学过程中可以充分利用本身的条件优势,要求学生遵从集体的意志,按照集体活动的规范调整、改善自己的行为,并在活动中感知、感悟人与人之间的关系、竞争意识和良好的行为习惯,用集体荣誉感激励和升华自己。

三是把握内容主题要点。体育与健身学练内容繁多,有的内容本身思想性很强,有的则不明显,这就要求教师能根据不同的内容主题,把握其要点,有目的、有所涉及地进行教育。理论教材一般有较强的思想性,可以通过事例来帮助学生理解,诸如在讲述我国体育的目的、意义和任务,体育在社会主义现代化事业中的地位与作用,参加体育锻炼的好处与方法,都可结合学生的思想实际,用身体鲜活实例加以分析和提炼。

四是发挥集体互动作用。教师要关心和协助任教班级形成一个良好的、团结友爱的集体,充分发挥集体的力量对每一个学生进行教育,用集体的舆论引导、帮助学生建立必要的制度,维护集体的荣誉和利益,培养学生的集体主义精神。

笔者在德育实践过程中有 3 点行为抓手:

一是抓住与体育教学相应的教育契机,寻找突破口,对学生中带有普遍性的问题即时进行教育,为其树立正确的世界观、人生观和价值观提供帮助。

二是以动身体为主,动脑为先导,让德育过程始终伴随着紧张的思维活动和体力消耗而有序展开。

三是抓住体育常规进行经常性教育,让学生形成良好的习惯。

(2)结语

在一系列的德育实践叙事研究中得出,小学体育学科教学贯穿德育实践是可行的、可通的和可操作的。但也要注意方法的科学性,追求教育的艺术性。

由于笔者时间和精力的有限,只是对自己为期一学年的体育教学进行了实地研究,只能是一个粗浅的研究尝试,在后期的研究中,应当作更加长期、深入的探索。

参考文献

[1] 上海市中小学(幼儿园)课程改革委员会.体育与健身[M].上海:上海教育出版社,2009.

[2] 徐阿根.体育教师话德育[M].上海:上海教育出版社,2011.

舞蹈对学生综合素质培养的影响及重要性

孙嘉灵

柏拉图,最早的教育家之一,他曾经说过:"教育的目的就是赋予身体与思想最完美、最理想的能力。"这个定义到今天还是适用的。舞蹈特别适用于教育,它服务教育的各个方面,能够强身健体、陶冶情操,使我们懂得欣赏美、发挥想象力、并培养思维能力、升华精神生活及扩大社交能力,最终使我们更好地贡献于这个社会。

一、舞蹈是提高学生自身素质的重要途径之一

(一)舞蹈能培养学生的欣赏与参与能力

舞蹈教育不仅能提高青少年对艺术的感知、审美、鉴赏能力,从而满足人对美的高层次的追求,而且通过舞蹈训练还可以达到强身健体,美化身段的目的,从而提高自己的自信心。舞蹈是一门集音乐感受、身体动作、节奏变化、感情表达于一身的综合艺术,人天生好动,喜欢新鲜、变化的事物,善于幻想,那么舞蹈在这方面就提供了良好的条件,经过一段时间的训练,会得到良好的教育效果,同时还培养了参与能力。例如学习蒙古族舞蹈组合《赛马》,它的音乐具体形象,有骏马奔跑时的马蹄声,有人们的喜悦声,如果在上课时给学生一个简单的提示,先请他们欣赏音乐,然后讲述出自己所感受的情景,接着让学生听着音乐编排"赛马"的舞蹈动作。经过多次练习,学生的欣赏与参与、想象与创造力都得到了最大限度的培养。

(二)舞蹈是增进人类社会情感交流的最好形式

其实,人们表达情感的最古老最直接的形式就是舞蹈,也就是手舞、足蹈。然而,在青少年与人交往中,情感激动时表达都大不一样。在这个精彩纷呈的世界里,尽管青少年的交流方式多种多样,但舞蹈以其独特的美传达给人类,它为我们展现了人类心灵深处的情感不仅为特定民族所接受,而且也引起全人类的共鸣。当我们以美好

的、生动的、诗一般意境的舞蹈进行交流时,让我们体验到的是对人类的热爱,对和平的向往,对真善美的渴求以及对人生的珍重。因此,舞蹈对提高学生自身素质的意义在狭义上指的是个人身心艺术修养的教育,在广义上意味着人类境界的完善与升华。

(三)舞蹈具有最直接最显著的美育功能

用舞蹈作为教育的一种手段,就像其他的艺术一样是一种工具,而不是结果。英国著名的舞蹈艺术家简·罗素曾说:"我们关心的不是培养出技巧表演者,而是怎样通过表演来教导学生,使学生热爱舞蹈、增长见识、丰富想象力及培养敏锐的洞察力。"舞蹈本身具有认识美、感受美、表现美、创造美的功能,是对学生进行美育教育的一种良好的形式,舞蹈的最大特点就是通过身体动作,也就是身体语言来表现人物、事物的深刻内涵。因此,学生学习舞蹈的同时身体形态也同时得以训练,这是其他艺术形式所不能替代的。诸如手臂波浪、脚尖步等动作,经过一段时间的学习后,会使他们对肌体的运用从本能的无意识状态过渡到具有舞蹈功能的意识状态,通过各种舞蹈的姿态训练使四肢动作协调,躬胸、驼背等不良习惯消失,取而代之的是优雅的举止。这种外形气质的形成是舞蹈对学生产生的最直接最显著的美育功能。其不仅可以极大地提高教育能力,同时也给予认知完整性。通过对艺术的追求与体验,学生会有更敏锐的观察力及对事物的鉴赏能力。

(四)舞蹈深刻影响着学生道德情操的培养

舞蹈是艺术,来源于生活又高于生活,而舞蹈又具有故事性、情节性及深刻的教育性,青少年在学习、表演舞蹈的过程中,能学会认识事物的真、善、美。如蒙古族舞蹈《牧民新歌》表现了封建、贫穷的牧民生活经过党中央的正确领导后走上了致富路,牧民们欢天喜地的情景,在排练过程中要求学生通过对作品内容的理解,用具体的舞蹈动作把内心的真实情感表现出来。再如根据歌曲改编的舞蹈《扎西德勒》,这首歌曲曲调自然流畅,歌词朗朗上口,教学中结合歌词再编配上优美、抒情的舞蹈动作,通过这类舞蹈动作使学生自然而然地产生对祖国、对这个世界的热爱之情。当今的青少年都生活在无忧无虑的社会环境下,这是对他们进行爱心教育的最佳时期,将爱心教育融入舞蹈,让学生通过舞蹈真实地感受生活的美好,再让他们通过舞蹈来表现无限美好的生活,从而激发学生爱祖国、爱亲人、爱生活的美好情感。

从整体上来看,舞蹈既包括想象也包括记忆;既包括直觉也包括分析;既包括鉴赏也包括积累,所以说完整的教育既教授怎样学习也教授怎样做人。

二、如何让舞蹈成为提高学生自身素质的重要途径之一

(一)随着教育改革的发展和素质教育的逐步深入,遵循舞蹈教育强调过程性与实践性的教学规律,针对学生的差异状况,已逐步建立并完善了一套教育体系

首先,教师要充分调动学生的视觉、听觉、本体感官来感知动作,获取经验与感性认识,同时启发学生思维去理解动作原理,为知识技能的掌握奠定良好的基础。在传统教学方法中,一般使用口传身授、主体参与的课堂教学方法。这种教学模式,既可发挥教师的主导作用,又能使学生获得一定的专业知识和技能,形成"教""学"互动。对于大部分的学生来说,并不需要高难度、高技巧的动作训练,更多的是着眼于舞蹈知识技能和自身素质的整合发展。其次,通过开展各类综合活动,如音乐、舞蹈、曲艺等多种形式进行舞蹈教学,以提高学生的艺术鉴赏能力,激发学生学习的兴趣。

(二)强调表现力和思想性是舞蹈发展的趋势

新时期舞蹈教学要以人为本,打破单一技能传授教学模式,注重知识结构,素质培养以及强调课程的体系化和互动作用,淡化局部,优化整体。这就要求在教学上更注重课程的设置,教材的选编等多方面的综合、优化。培养一专多能的复合型人才能适应社会各阶层的需求,同时也在潜移默化中提高了自身素质。从表面上看,强调表现力和思想性是大势所趋,这是舞蹈发展的方向,但同时更深层次地看到了对人的自身素质培养的又一体现。

(三)在舞蹈教学中培养学生的内在情感和表现能力

在舞蹈教学中,使学生兼具舞蹈艺术的"情""意""境",使他们在人生和艺术这两大舞台上能够"随心而舞"。把舞蹈教学与舞台表演紧密结合,把表现能力、内在情感的培养确立为舞蹈教学的重要评价标准。总而言之,培养学生的内在情感和表现能力是一项长期的、多方面的工作,它需要有科学的方法指导,更需要有博学、耐心、思维活跃的教师来执行,它对舞蹈教学的要求是全方位的,也是深层次的。

作为"艺术之母"的舞蹈,融多种学科为一体,是对广大青少年进行素质教育的重

要手段。我们应该希望学生在教师的帮助下成为自信、自强、乐意与别人合作、关心尊重他人的人。提供给每一个学生认知、表达及学习领域的启蒙与发展,因为舞蹈作为一种艺术形式不是附属物而是教育不可或缺的一部分。人类从舞蹈这种艺术形式中,可以获取审美经验、增强优美体魄、开启智慧大门、培育高尚道德,从而不断提升自我、完善自我,走向崇高。在建立社会主义和谐社会、重视全民素质教育的今天,舞蹈艺术更显示出其独特的社会教育功能。近几年来素质教育是倍受人们关注的热门话题,它表述了一种崭新的教育观念,要以全面提高受教育者的素质为出发点和归宿。与其他教育相比较,舞蹈教育得天独厚,它是一门综合艺术,具有推动学生素质全面提高的诸多潜在优势,是实施素质教育的良好手段,舞蹈教育理应成为素质教育的重要载体,为素质教育的深入开展提供强大动力。

德"如影随形"，育"润物无声"

——浅谈小学英语学科中的德育渗透

陈佳莉

每一门学科都承载着育人的重任，诚然，英语学科也不例外。著名教育家苏霍姆林斯基曾经说过："智育的目标不仅在于发展和充实智育，而在于形成高尚的道德和优美的品质。"语言是思维的工具，用英语表达思想必须有一定的思想内容和情感因素。在传授英语知识的同时进行德育教育更能使空洞的说教变得有情有趣，有滋有味，极富实效。因此，作为一名英语教师，必须充分挖掘教材中蕴含的德育因素，把握各种时机，适时地对学生进行思想品德教育。

一、日常用语教学中，渗透丰富的德育教育

小学英语教学是英语学习的起始阶段，现在一年级就开始开设英语课，所学的日常用语多与学生的生活接近，教师在教学中要善于找好德育的切入点和结合点，进行自然的渗透。如：教学"Good morning""Hi""Hello""Nice to meet you"时，利用学生初学英语时的兴趣，创设真实的语言情景，在学生进行语言操练的过程中，不失时机地对学生进行文明礼貌教育。在教"Thank you"这一最为常用的礼貌用语时，教师应侧重于学生这一良好习惯的养成，要告诉学生们，得到别人帮助时要说"Thank you"，接受别人赞美时要说"Thank you"，收到礼物时要说"Thank you"。课堂上，我给表现好的同学印"Good 小星星"的印章时，学生自然地说出"Thank you"。我还告诉他们，即使是自己的父母，为我们做了事情，或者送我们礼物，也别忘了说"Thank you"。因为只有对生活时刻怀有感恩之心才能真正体验心灵上的满足与快乐。

当然作为教师我们更应该"身教重于言教"，课堂用语讲究文明、礼貌，在叫学生回答问题或坐下时常用"Please"，请学生帮忙时说"Excuse me"，学生帮了忙，不忘对他说声"Thank you!"叫错了学生名字说声"Sorry"等，教师这种彬彬有礼的态度，对学生来说就是最好的教育。同时也可以增加师生之间的感情，对培养学生养成文明、

讲礼貌的好习惯起到了潜移默化的作用。学生们耳闻目染,久而久之,讲文明、懂礼仪这样的优秀品质也将永远如影随形地伴随着他们。

二、紧密联系教材,进行日常生活中的德育教育

苏联著名教育家、心理学家赞可夫说:"教学法必须触及学生的情感领域,触及学生的精神需要,才能发挥高度有效的功能。"当前我们的教材都是围绕我们的日常生活来进行的话题,所以,教师必须要善于唤起和诱发学生对日常生活中道德现象的情感体验。我们可以从以下几方面着手:低年级的学生,我们从讲文明,懂礼貌;尊敬师长,关爱他人等方面入手。如:鼓励他们见到同学或老师用"Hello! Hi!"等礼貌用语进行问候。又如:我在学习准备期,教学歌曲 Family fingers 时,发现学生唱得感情丰富,非常投入,而且兴趣盎然,便及时让学生用"I love …"来说句子。学生对此反应积极,争先恐后地说:"I love my mother. I love my sister. I love my teacher …"还有同学说:"I love China."一个个充满爱意的句子,使全班都沉浸在爱的海洋里。最后我让学生选择其中几个句子,按照歌曲 Family fingers 的旋律进行哼唱,学生们在歌唱的欢乐氛围中自然而然地表达出自己的真情实意,把爱的基调推向了高潮。甚至到了放学排队时,有的学生还在吟唱,还有的同学一见到家长来接,就迫不及待地想要把课上学到的歌曲展示出来,可见英语课堂上,在学习兴趣的带动下,如此润物无声的德育渗透是走进孩子们的心里的。

而高年级段的学生我则从一些能够动手动脑的方面来入手,如:遵守社会公德、规章制度,爱护动物,注意环境保护等方面。如:上海版小学牛津英语 5BM3U1 Signs,在讲授这一单元时,我把它与我区正在进行创建文明城区活动联系起来,告诉学生:"We have only one earth. We should protect our environment."让学生成为小主人,让他们各抒己见,针对我们生活的地球说一说它满身的伤痕,长期下去的危害,再说一说我们应该怎样保护环境来拯救它。学生会有不同的见解,不同的方法,让他们带着这些见解和方法去参加实际活动,让他们能更加认真地对待这件事。再有就是遵守社会公德和规章制度方面,在学完"You should …"这个核心句型后,我让学生自己动手做一些规章制度牌,如:将"Listen to the teacher carefully. Be quiet. Don't make noise. Go to bed early 等"粘贴在教室、教学楼甚至家中,让这些标语随时提醒大家。同时,在课堂上,教师要做个"有心人",时刻关注学生的动

向,找准机会,适时、适度地进行德育教育,让学生在自然渗透中受到情感的熏陶,从而内化为自己的道德意识。

三、精心组织安排教学活动,加深德育教育渗透

在小学英语教学中主要解决的问题就是要以激发学生兴趣、提高学生的认知能力和生活经验为目的,通过让学生体验、实践、参与的方式进行教学,从而使学生形成积极的情感态度以及主动参与的意识。故而,这就要求我们在日常教学中,必须引导学生将德育知识以情感性或体验性的思维和态度来加以把握,融入自己的热情和激情。因此创设课堂情景,精心组织安排教学活动,引导学生参与课堂情景,学生设身处地的感受理所当然成为加深德育渗透的最有效方法。但在英语教学中,渗透德育是日积月累、潜移默化的。任何形式的硬灌、勉强,都不能起到积极的促进作用,相反有可能产生消极效果,使学生产生反感。因此空洞、牵强的说教是必须要杜绝的。育德过程应以课堂教学为主渠道。学习英语的最终目的是进行交际。语言的交际性和实践性决定了要在语境中、在活动、在模拟交际中学习英语,感受语言。

在教学活动中,我们教师要精心组织教学活动,设计能引起学生兴趣的语言交际场景,要在教学的语境中、练习的活动中、模拟的交际中,向学生渗透德育,如:在教学 *Oxford English*(上海版、5A),*Seeing the doctor*(M3U3)时,我把教室设计成医院,同时划分区域,共分出 6 所医院,给每所医院挂上名称,再把学生分成 6 组,每组都是由一名医生和几位病人组成,让他们先在组内练习对话,"What's wrong with you? I have a fever. I have a headache ..."医生给出诊断,"You have a cold, Take some medicine and drink more water,等等。"然后可以让病人自己挑选医院去看病,并且进行医生和病人之间的对话训练。并且本单元最后,我又把教室设计成一个商店,让同学们自由结组,去买东西看望生病的同学,在这些模拟的语言情景的交际活动中,学生在学习语言的同时,也学会与他人的合作和交流,这有助于培养学生关心他人,互助友爱,文明礼貌等思想品德和行为规范的形成,同时激发学生的兴趣和创造性,形成课堂教学的高潮,这样才能使学生达到"Learning to know, Learning to do, Learning to express"的目的,从而真正体现英语的交际性功能。

四、适当开展英语课外实践活动,促进德育教育的实施

德育应促进学生感性生命的自我生成,它所努力实践的是让学生在自己亲身参与的生活与实践活动中有所感受、体验、辨别、生成。因此,在英语教学中,进行德育教育不能仅仅停留在课堂所创设的各种学习活动上,而要将课堂上的德育内容扩展到学生的其他生活空间,让学生在现实生活的特定情境中进入德育实践探索,使教育具有针对性,使情感体验得到最优化。例如,利用第二课堂时间组织学生举行英语演讲比赛、英语会话比赛、单词接龙比赛、英语歌曲演唱比赛、猜谜语等活动或设立"English corner"。让学生在课外有一个场所可以用来实践运用自己所学的知识,进一步提高学生的英语运用能力。在新年来临之际,教师还可以组织学生亲手制作贺卡,画上漂亮的图案,写上亲切的祝福。这样,不仅可以培养学生尊敬他人的美德,还能提高他们的动手能力和想象能力。

小学的英语课内涵丰富,有自己独特的意义和魅力。课堂是德育教学的主战场。在新的形势下,我们应根据德育工作的特点,重视德育与英语学科的整合,善于挖掘,正确选择和运用德育渗透的方法,在学习英语中不知不觉培养学生良好的学习习惯和思想品德,真正达到教书育人的目的。

一例关于自卑心理的辅导案例

王　云

一、基本信息

（一）基本资料

姓名：小李；　　　性别：女；　　　年龄：11 岁,四年级。

（二）家庭背景

现在的家庭多是独生子女家庭,造成家长对孩子有着望子成龙,望女成凤的期待,导致许多的小学生肩负重担,过重的压力在学生未能达到父母期望时,便使学生形成自卑心理,否定自己,怀疑自己,不安、烦恼、孤独、离群等情感障碍随之而来。母亲对孩子的学习辅导力不从心,父亲每晚工作到深夜才回家,偶尔才过问一下孩子的学习情况,对孩子的期望也很高,但表达的方式十分粗暴。

（三）在校表现及同学关系

小李成绩不佳,非常腼腆,性格内向,在人面前不苟言笑,上课从不主动举手发言,老师提问时总是低头回答,声音听不清,脸蛋涨得绯红。下课除了上厕所外总是静静地坐在自己的座位上发呆,老师叫她去和同学玩,她会冲你勉强笑一下,仍坐着不动。她长期受自卑、羞怯、焦虑和恐惧等负面影响,过重的心理负担使她不能正确评价自己的能力,一直怀疑自己的优点。即使在成功面前也难以体验成功的喜悦,从而陷入失败的恶性循环之中。这样就严重影响她的身心健康发展。

（四）问题症状

通过与小李的接触,我发现她:情绪低落,少言寡语,对什么都缺乏兴趣;面对成绩差,心里难以接受,自信心受挫,有自卑感,同时变得敏感多疑;受不良情绪的影响,学习兴趣大减,动力不足,成绩退步。

二、问题评估

来访者个性偏内向、自尊心过强,情绪不稳定。问题主要表现为存在错误的认知观念,心情压抑。来访者自述无器质性病变。根据区分心理正常与异常的原则:该来访者知情意统一,主客观一致,对自己的心理问题有自知力,有主动寻求帮助的行为,没有幻觉、妄想等精神病性症状,可以排除精神病和严重心理问题。小李的症状表现没有影响逻辑思维,对社会功能没有造成严重损害,内容尚未泛化。小李的心理问题是在近期(考试没考好,得不到数学老师的重视)发生的,内容局限在学校,尚未泛化,初步鉴定为一般心理问题。

综合所搜集的资料分析,造成小李这一状况的原因,可能主要有以下几点:

(一)家庭方面

由于父母都在外面做小生意,整天都很忙碌,根本没时间和她交流思想。在这样的情况下,小李的想法自然难以被父母关注到,她的自卑心理就渐渐地越来越严重。

现在的家庭多是独生子女家庭,造成家长对孩子有着望子成龙、望女成凤的期待,导致许多的小学生肩负重担,过重的压力在学生未能达到父母期望时,便使学生形成自卑心理,否定自己,怀疑自己,不安、烦恼、孤独、离群等情感障碍随之而来。由于父母都是农民,没多少文化知识,在教育学生方面难以做到科学有效,这是自身教育学生能力的问题。小李母亲对孩子的学习辅导力不从心,父亲每晚工作到深夜才回家,偶尔才过问一下孩子的学习情况,对孩子的期望也很高,但表达的方式十分粗暴。

(二)个人方面

在心理学上,自卑属于性格上的缺点。自卑,即一个人对自己的认知能力、表现等做出较低的评价,总觉得自己某些方面不如别人,就导致心里产生了悲观失望的情绪,丧失了信心。在与同伴交往中,具有自卑心理的人往往因为不愿意主动和同伴交流,结果很容易被孤立。通过观察,我发现她长期受自卑、羞怯、焦虑和恐惧等负面影响,过重的心理负担使她不能正确评价自己的能力,一直怀疑自己的优点。即使在成功面前也难以体验成功的喜悦,从而陷入失败的恶性循环之中。这样就严重影响她的身心健康发展。

（三）学校生活

在学校里，如果教师对同学了解不够，关注不多，就容易造成对这些同学的评价偏低，一旦如此，几个月或者几个学期以后，这些同学便逐渐产生失落感，在老师那儿他们得不到适时的表扬和称赞，久而久之便否定了自己的一些行为和想法，慢慢不相信自己的能力与水平，也就越来越不自信，此时自卑感却慢慢占了上风。另外，老师对少数心目中的优等生日益产生偏爱，对多数末尾学生来说，是一个沉重的压力，普遍滋长严重的自卑心理。

三、辅 导 过 程

（一）干预方案

1 通过耐心的倾听和沟通，与小李达成了共识，制定了以下的咨询目标

（1）近期目标

① 采用倾听、同感等技术，改善来访者的不良情绪。

② 采用认知技术，改变小李认为"老师和同学都不喜欢自己、得不到老师的重视就被同学看不起"等不合理的认知以及自己很笨的非理性观念。同时，辅以一些家庭辅导。

③ 坦然面对老师，提高心理承受能力。

④ 通过行为训练，改变小李在人际交往中的被动，与同学老师建立正常的交往关系。

（2）中期目标

① 参加学校活动，在活动中提高处理人际关系和应对各种生活挫折的能力。

② 确定合理的学习期望，建立成功档案，采用自我激励，走出自卑，提升自信，完善个性、形成正确的自我观念。

2 具体方案

主要咨询方法与适用原理：认知—行为疗法。在本案例中主要由于小李在成长过程中，来访者得到的积极关注较少，形成了自己就是差生、老师和同学都不关注喜欢自己、看不起自己等不合理的认知以及自己无可救药的非理性观念。通过寻找例外，发现自己身上的闪光点等方式，改变来访者的认知，形成全面合理的自我认识。

为此整个过程应以消除错误的认知模式,建立新的、合理的认知模式为核心,结合行为治疗手段,循序渐进式地矫正不良行为,建立起新的行为模式。

(二) 辅导过程

心理咨询阶段任务:加深与来访者的感情;认识其不良的认知模式;认知行为干预等3个阶段。

第1阶段:主要解决来访者不良情绪的改善,建立良好的咨询关系,制定咨询目标。第一次的咨询中主要是运用倾听技术、共情、自我表露等技术引导来访者释放焦虑、不快的情绪,合理宣泄,使她感到温暖,并让她觉得有人在关注她,在来访者与咨询人之间建立良好的咨访关系。

第2阶段:(两次)主要改变小李一些不合理的认知,初步学习一些人际交往的技巧,并通过行为训练改善她在人际交往中被动与封闭的现状。第一次咨询采用认知技术,改变小李认为老师和同学都不喜欢自己、自己很笨等不合理的认知。第二次的咨询通过交谈,寻找出小李在人际交往中最需要改进的地方:改变自我的想法,学会换位思考。与来访者进行角色扮演(咨询师扮演老师、来访者扮演自己),观察其情绪反应,让其描述具体想法。交谈过程中我给出一些人际交往中的建议和技巧,并约定通过行为训练,每天记录点滴进步,改变小李在人际交往中的被动与封闭状况,与同学老师建立正常的交往关系。并布置咨询作业。

第3阶段:在巩固前一阶段咨询效果的基础上,进一步分析负面想法,明确行为与认知的关系,引入"合理观念",重新看待自我形象。

为了能让她能更多地体验成功,逐渐消除自卑心理,我与她共同讨论设计成功档案,将每一次的成功,哪怕是非常小的成功与进步都记录下来,激励她克服学习上的困难,勇往直前。

成功档案表

时 间	事 件	成功指数	心 情

填表说明:
1. 生活中、学习中任何认为自己成功的事件都可以记录。
2. 成功指数:以五角星来评定,分一星、二星、三星、四星、五星。
3. 心情:以笑脸来表示,分微笑、大笑、狂笑。

四、个案小结

(一) 效果评估

求助者自我评估：小李不再像以前那样压抑和自卑了；已基本消除了非理性的认知，可以通过自己的努力获得老师的重视，开始重新制订学习计划，重新和同学、朋友交往。情绪愉快，不再惧怕上学。他人反馈：老师和同学们都认为小李变得开朗了，在和同学的交往上比较融洽，交到了一个好朋友。心理咨询师评估：求助者已基本纠正了不良认知；自卑心理得到了克服；情绪症状(自卑、紧张、焦虑、人际关系敏感)得到了改善。虽然短时间内她的学习成绩还是没有很大的进步，但通过多次的辅导，她已经能调整好自己的心态，自信心和抗挫力有明显的提升，不再为了某一次的考试失利而情绪低迷，作业的质量也较之前有提高。

(二) 个案总结反思

本案例中的求助者的自卑心理是因其认知上存在的错误观念得不到老师的重视而被同学看不起所致，因焦虑、紧张情绪，和强烈的自卑感，导致心情压抑、人际关系紧张；睡眠不良。咨询师与求助者建立了良好的咨询关系，全面掌握了求助者的情况，取得了求助者的信任。根据所定的咨询目标进行评估可知：本案例成功运用了认知—行为疗法，求助者的负面情绪得以缓解，自卑心理得到了很大的改善，社交能力、社会适应能力、心理承受能力都得到了提高，人格得到了进一步完善。作为一个心理辅导的新手，我深感自己的理论知识还不够扎实，技术运用还不够熟练，虽然小李在我的辅导下，取得了一些成功，但我深知还有许多的不足和值得商榷、改进的地方。由于是新手，在心理测量工具的使用上底气不足，因此，在评估时，仅以个人经验和班主任、家长提供的资料作为评估分析标准，可能缺少了一点科学性。

学生艺术社团建设促学生全面发展
——古北路小学学生艺术社团建设案例

孙嘉灵

一、实施背景及需求论证

在《国务院办公厅关于全面加强和改进学校美育工作的意见》的指导下,很多地区的学校注重提升小学生的艺术素养,以此为切入点对学生实施美育,希望能够培养更完善的人才。小学艺术社团的发展在某种程度上带动了学生艺术素养的提升,能够较好地辅助美育,学校利用艺术人才资源滋养学生的心灵,提升学生的综合素养,从而实现培育完善人格的目的。

在小学教育实践中,我们体会到,抓好音乐、美术等艺术课程教育是主渠道,是做好美育工作的切入口。要帮助学生树立正确的审美观,要面向全体学生、提高他们的艺术审美修养等基本素质。除了课堂教学这个主渠道外,通过学生社团建设培养兴趣、特长是非常重要的途径之一。

(一)学生社团活动是课堂教学的有益延伸和补充

它能使学生在宽松、自由的环境中激发思想、熏陶品格、发展个性,巩固、深化、扩展课堂所学内容,而且特别注重知识的转化、运用和创新。学生社团活动可以弥补课堂教学在内容和形式上的种种不足,更注重实践与能力。它比课堂教学更贴近学生,更丰富、更灵活,更能适应学生的不同需要,对于培养有专长、能创造的人才具有独到功能。

(二)学生社团活动是学生自我教育和同学间互相教育的良好形式

这种形式,有助于充分调动学生的主动性、积极性,培育其自主精神、独立品格,使其在活动中不断地认识自己、把握自己、发展自己,从而得到全面的考验和锻炼,得到深刻的启迪和教育,孔子云"三人行必有吾师",这本身就是一种教育。学生社团活动能充分挖掘潜藏在学生中的教育资源,促进同学之间的比、学、赶、帮,取长补短,互相激励,共同提高。

(三)社团活动是校园文化建设的重要载体

丰富多彩的学生社团活动给学校文化建设带来生机和活力,是学校校园文化不可或缺的重要组成部分。它能够促进校园文化建设向多渠道、深层次、高质量的方向发展,形成民主的思想环境、健康的文化气息、蓬勃的创造精神。从而发展成一种看不见、摸不着但又充盈其中、四处洋溢的校园文化活力,影响其每一个成员,并辐射向周围社会区域。

二、主 要 措 施

学校加强对学生社团的领导,明确社团建设的任务,从以下几个方面抓好学生社团建设。

(一)抓好社团活动制度建设

通过社团活动的开展,不断完善各种管理制度,调整社团运行机制,落实社团激励机制。在社团管理中全面引入制度化、规范化程序,做到社团活动有章可循。

(二)抓好指导教师队伍建设

建立社团指导教师的选拔机制,指导教师的培训做到有计划、讲实效。指导教师之间的交流常态化,将社团指导教师工作成绩纳入教师绩效考核并与评优选模挂钩,以调动指导教师的积极性。通过社团活动,建立一支稳定的、专业性较强的、乐于奉献的社团指导教师队伍。

(三)抓好学生自主管理、相互监督

社团成员众多,而监管教师少,不能够对社团进行及时全面的管理,这个时候,团队成员要有主人翁的意识,自觉管理社团成员,支持社团教师的管理工作,互相监管,共同维护社团良好形象。

三、主要成效和主要成果

学生艺术社团活动为学生提供一个展示个性特长的舞台。在社团活动中,学生充分发挥他们的主体作用,开展创造性活动,增长创造才干,激发创造的兴趣,从而提高了综合素质,发展了自身的个性。社团活动使每位学生都有一个充分表现自我的天地,取得了显著的效果。在每学期末,社团成员都要在教师的引领下展示社团成果、交流互动,促进社团活动健康和谐发展。社团是学校校园文化的重要载体,作为学校行为文化的社团文化在学校文化建设中起着举足轻重的作用。学生参与社团活动,有利于丰富校园生活,培养兴趣爱好,扩大求知领域,增加交友范围,丰富内心世界。学生因为兴趣而参加学生社团,社团通过自身的建设对学生产生潜移默化的影响。通过不同的措施打造精品社团,形成社团文化。

学生艺术社团建设的不断完善,使学生的艺术素养得到极大提升。历年来积极参加市区乃至全国性的比赛和活动,良好的精神风貌得到领导和来宾的好评;学校重视学生社团组织建设,队伍不断扩大,社团活动投入逐年增加,社团活动成效显著。学校通过多年的努力成立了近10个学生艺术社团,其中"咕咕"画苑为长宁区重点学生艺术团队;"咕咕"儿童诗社和舞蹈团为长宁区一般学生艺术团队;合唱团为长宁区预备学生艺术团队。"咕咕"画苑中的学生绘画作品连续10年荣获上海市小学比赛一等奖;"咕咕"儿童诗社的成员们创作的儿童诗、童谣在多种报刊上发表,并多次参加区级童谣传唱活动,把孩子们创编的作品用舞台表演的形式呈现出来;舞蹈团近年来成为长宁区舞蹈联盟学校之一,编排的舞蹈节目在上海国际舞蹈中心演出,受到好评。通过社团活动,学生的人格素养得到了培育,综合素质得到发展,学生的责任感、荣誉感和奉献精神不断提高。

四、体会与思考

经过多年学生社团建设的探索和实践,我校学生社团建设按照高起点、高标准,整体规划,保证投入的原则,通过开展一系列愉悦身心,陶冶情操、锻炼能力、提高综合素养的社团活动,使得我校学生素质教育得到有效、全面推进,学生综合素质不断提高,从而全面推动学校德育工作。

（一）社团活动机制不断创新

将学生社团活动纳入学校整体工作计划,作为德育的主要途径之一,社团活动的组织分工明确、责任落实、活动效果有保障。通过社团组织的建立,完善社团的审批程序,明确社团章程。通过社团活动的开展,不断完善各种管理制度,调整社团运行机制,落实社团激励机制、细化社团评价机制。把社团管理全面引入制度化、规范化程序,做到社团活动有章可循。

（二）指导教师队伍素质不断提升

建立社团指导教师的选拔机制,指导教师的培训做到有计划、讲实效。充分发挥指导教师的主观能动作用,指导教师之间的交流常态化,将社团指导教师工作成绩与教师绩效考核挂钩,以调动指导教师的积极性。通过社团活动,建立一支稳定、专业性较强、乐于奉献的社团指导教师队伍。

（三）社团组织的育人效益显著

通过社团活动为学生提供展示自我的舞台,学生审美情趣得到培养,学生艺术修养水平不断提高。通过参加社团活动,学生的兴趣爱好普遍得以满足,学生的个性特长也得以充分发挥,为把学生的兴趣爱好向特长的转变奠定了良好的基础。

学校每年组织学生参加市区级艺术展演比赛等活动,并通过每学期举行学校艺术节等活动更好地为学生社团提供展示自我的舞台,陶冶情操,繁荣了校园文化,很大程度上满足了学生发展特长的需要,增强了学生的自信心;通过社团活动,学生组织管理能力不断提高,学生的自主工作意识、社会交往能力及团队合作意识显著增强。通过参加社团组织的活动,对学生进行潜移默化的自我教育、自我管理,从而培养他们自律自控的能力,逐步形成高度的自觉性、强烈的事业心、紧迫的责任感和高尚的道德情操。

五、结　语

学校的艺术社团进行展演的第一舞台应该是校园,艺术社团应该在校园文化建设中发挥巨大作用,艺术社团的活动应该对所有的学生开放,让感兴趣的学生都能够有机会感受艺术社团带来的魅力。我们的艺术社团未必能将学生培养成为专业演奏者,但是要让越来越多的学生可以接受艺术熏陶。同时还要注重艺术社团对于日常艺术教育课程的辅助和服务功能,让学校更多的师生能够获得欣赏社团成果,享受艺术熏陶的机会。相信在校领导和越来越多教师和家长们的共同努力下,我们的小学校园艺术社团建设会更加完善,受益群体会更加广泛,艺术影响力会更大。

育人为本　尊重体验　落实实践

王　芳

我曾经带学生观看过电影《雷锋的故事》,导演精心编导加上演员们的精彩表演,并未能把学生们吸引到剧情里去,他们似乎对此类教育题材的影片并没有多大兴趣,所以影片中蕴含的教育意义,他们还不能真正体会,甚至于当雷锋被电线杆撞击头部导致牺牲时,有许多学生表情漠然,有的学生竟然笑了出来,说"雷锋真是个傻子"。作为老师的我,深感学生年幼无知,可以理解。我们的学生看问题是那么的现实,他们只有在学校这个特定的场合环境下,才表现出较好的行为、思想品德来。是学校的教育太理想化了,以至于成了一个不真实的虚拟世界? 还是太缺少让学生有真实感受的空间和机会? 长期以来,我们的教师,总习惯于以一个尊者、长者、说教者的身份面对我们的学生,放不下师道尊严的架子,舍不得一呼百应的威风,脱离了学生的生活实际和社会实际,注重过程教育,忽视了学生的主动参与与实践能力,于是在课堂教学中出现了以教师为主体,多了一些教条:要怎么样怎么样,不要怎么样怎么样;必须怎么样,否则会怎么样。记得一位外国教育家说过:"当学生们意识到学习是在教育他的时候,这样的教育往往是失败的。"学生处在被动应答状态,缺乏积极主动的参与和动手做事的机会,仍缺乏自身的体验,缺少有意识的生活体验环节,致使学校内表现和学校外表现不够一致。"品德与社会"这门课程的主要特点:一是以育人为本,重在学生文明行为习惯、良好道德品质和健康的社会性发展的培养,目的是把他们培养成为热爱生活、乐于探究、具有良好的道德品质和社会性发展的好学生。二是以学生的生活为基础,密切联系他们的生活实际和社会实际组织、安排教学内容和要求,努力克服成人化倾向。三是倡导学生的主动参与,通过学生的体验、参与和实践,在教师的正确引导下,培养道德情感,逐步形成正确的价值判断,避免简单说教。四是突出综合性,强调活动性。那么,我们在教学过程中怎样教育才是切合学生的呢? 结合我自己品德与社会教学实际,谈谈在这方面的一些肤浅的做法。

一、以人为本,以知导行

儿童的生活是课程的基础,帮助学生参与社会、学习做人是课程的核心。强调教育与儿童的社会生活相结合正是陶行知的生活教育理论在新课程中的具体体现。榜样的力量是无穷的,学生自己也希望能成为公众的焦点,学习的榜样,让榜样起带头和示范作用,去感染学生。如教学五年级下册第四单元《未来世界属于我们》中的"为中华之崛起"这一主题时,活动前,组织学生调查收集相关资料:问周边的人,是否了解鲁迅、周恩来? 要求每位学生至少询问 5 个人,并做好记录;汇报统计调查的情况,然后引导学生整理和归纳统计结果。由此,思考为什么鲁迅、周恩来离开我们那么久了,还有那么多人知道他们、纪念他们? 让学生阅读教材上有关他们的介绍,并进一步提出自己的困惑和想了解的问题。再引导学生走近中华民族的杰出人物:他们为了自己的理想和事业,坚韧不拔地努力着,奋斗着,为后人留下宝贵的财富和光辉的形象。如:李时珍用 27 年完成《本草纲目》、司马光用 19 年编写《资治通鉴》、贾思勰的《齐民要术》成书于六世纪三四十年代等。这些具体事例,让学生通过各种渠道自己去搜集相关资料,然后,通过讨论、交流,呈现在他们面前的是一个个鲜活灵动的生命,一段段精彩纷呈的故事,一曲曲荡气回肠的赞歌,从而激发学生的爱国热情和民族自豪感。也会从内心深处严格要求自己,以先人为榜样,从小事做起,树立远大的理想。

二、激活生活经验,在感悟中理解

新课程标准也明确指出:儿童的品德和社会性源于他们对生活的认识、体验和感悟,儿童的现实生活对其品德的形成和社会性发展具有特殊的价值。教育的内容和形式必须贴近儿童的生活,反映儿童的需要,让他们从自己的内心世界出发,用自己的眼睛观察社会,用自己的心灵感受社会,用自己的方式研究社会。新课程以儿童生活为基础,但并不是儿童生活的简单翻版,课程的教育意义在于对儿童生活的引导,用经过生活锤炼的有意义的教育内容教育儿童,使学生在生活中体验、感悟,达到教育的目的。如:我在教"一年之计在于春"一课时,设计了这样的一个活动,给学生10 分钟,不提任何要求做同样的一件事情,并汇报自己 10 分钟的情况——让学生呈现自己的问题;观察汇报情况,发现问题——让学生发现自己的问题;找效率差距产生的原因,寻求自己认可的提高效率的方法——让学生解决自己的问题。这样,教学内容既来源于生活,又贴近生活,还高于生活,使学生已有的生活经验有一个有效提升。如:在"成长的脚印"一课的学习中,要求学生在课前向父母了解家人辛勤养育自己的故事,寻找自己小时候的照片和实物。在课堂上,学生向大家展示了这些照片和实物,讲了这些感人的故事,在这些亲身经历的故事中使学生得到感悟,从而了解到父母家人对自己的爱,得出我们也要爱父母长辈。我想如果教学能真正根植于真实的社会生活,真正走进了学生的特殊的生活世界,教学实例来源于学生的生活实际,贴近于学生的生活实际,在学生最熟悉的、最普通的生活情境中去发现问题,引导学生用他们独有的心理、眼光去观察生活中的问题,引导他们以自己认可的方式去解决生活中出现的问题,引导他们用自己的语言去表达生活的感受,那么,"我们选择一种什么样的教育,就为孩子选择了一种什么样的生活"。这种源于学生生活实际的教育活动,必将引发他们内心的而非表面的道德情感,必将引发他们真实而非虚假的道德体验和道德认知。

三、开放课程资源,在快乐中享受

品德与社会课程的开放性在很大程度上决定了本课程教学资源的开放性。在教材的基础上,充分挖掘利用一切有效的教学资源,是体现课程开放性的重要途径之一,也是我在每次预设活动方案的时候反复斟酌的。

以《品德与社会》第五册第二单元第2课《可爱的家》中的"我的家庭小调查"为例。这个小调查目的在于调查访问几十年前妈妈、爸爸或者爷爷、奶奶童年的家庭生活状况或年轻时的成就,通过调查结果和自己现在的熟悉生活相比较,有所发现、感悟以及生成一些问题。根据教材内容,我列出8个问题由学生去调查。我在指导调查的过程中,让学生针对这份调查提纲,进行取舍,哪些问题可以有助于我们了解相关的问题;哪些是我们根本没有兴趣去了解的,没有多大的必要;还有哪些问题我可以设计得比教材上的还要好的;哪些又是我可以听取被调查人的建议,临时再补充、修改的。

学生的权利得到了尊重,他们在老师和家长的指导下,快乐地设计有个性化的调查提纲。第二天,课堂上学生发言踊跃,兴趣盎然,有的补充了一些问题,如"我很想知道长辈小时候的生日是怎么过的? 过年的时候呢? 在那时,他最大的生活愿望是什么?"有的带来爷爷、爸爸的照片等,调查内容更加充实丰富;有的将教材上的内容进行改进,如: 我家的经济条件好、吃的、穿的都不用愁,我的家庭生活一定幸福美满吗? 为什么? 他们改为: 怎么的家庭才算是幸福美满的家庭? 这样一来一堂课的教学目标,不用教师怎么解说,学生自然而然地理解了现代家庭生活的意义,家人对自己的关爱,懂得了尊重长辈,更爱自己的家。开放的课程资源,选择学生喜欢的内容,让学生在快乐中学习、感受,才会受学生的欢迎;贴近学生的实际,灵活补充,处理教材,超越教材,让学生在教学中享受快乐,教学才有意义。

四、强化尊重意识,渗透父母般师爱

实现新课程理念的教学目标,首先要创设宽松、民主的课堂氛围。赞可夫说:"我们要努力使学习充满无拘无束的气氛,使儿童和老师在课堂上都能自由地呼吸。如果不能造成这样的教学气氛,那任何一种教学方法都不可能发挥作用。"在教学中,我时刻注意把自己和学生放在平等的位置上。让他们在成功的喜悦中确立学习的信心和决心。现代教育应当是爱心教育、情感教育。教师要努力营造一种热情洋溢的教育环境,给学生以积极的情感体验。我们知晓,所有的学生都渴望母爱、父爱般的师爱,而这种师爱的前提是尊重。尊重能给学生带来自信,自信恰是一个人立足社会的根本。很难想象,如果一个人没有了自信,那等待他的将会是什么? 曾看到一则研究资料: 某学校把几个孩子分成三组,一组经常给予表扬和鼓励;另一组则经常指责和挑剔;最后一组则听之任之,不管不问。结果,经常受到表扬和鼓励的孩子学习成绩进步很快,而且性格活泼、开朗;经常受到批评、挑剔、指责的孩子成绩大幅度下降,有的甚至心理扭曲,敌视周围的一切;而不管不问的孩子只在原地徘徊。又有这样一个感人的故事: 在南京有一位姓周的父亲,20多年来,他把一个双耳几乎全聋的女儿培养成 一个知识出众的高材生。其实这位父亲并不是什么教育专家,只是一个工厂的普通技术员。他说第一次让女儿做应用题,10道题只对了一道。一般家长遇到这种情况肯定会责备,但这位父亲却在做对的那道上打了一个红色的勾,然后在白纸上写了一行字:"你太了不起了,第一次做应用题就做对了一题,爸爸像你这样年纪的时候,碰也不敢碰。"8岁的女儿看了十分高兴,从此,她对数学学习兴趣很高。升初中的时候,数学成绩得了99分。14岁时,她还写了6万字的科幻童话作品。后来,媒体报道了这位可敬的父亲。在接受采访中,这位父亲说:"哪怕所有的人都看不起你的孩子,你也应该饱含热泪地欣赏他(她),拥抱和赞美他(她)。"这位父亲的成功教育说明了一个深刻的道理:对孩子而言,适当的赞美和鼓励会激发他们的积极性,即使是一个平庸的孩子,在鼓励的雨露下也会变得鲜活起来。常言道:"良言一句三冬暖,恶语伤人六月寒。"因此,课堂上我经常变换对学生的称呼,常说:孩子、好孩子、小男子汉、小公主、你们都是老师的宝宝等,说话的语速适中、语调平和、面部表情和蔼、经常投去赞许的眼神,摸摸头、拍拍肩是常有的动作。作为教师,有时不经意的一言一行,都会从正面和反面影响孩子的一生,改变孩子的一生。

苏联教育家苏霍姆林斯基说:"只有能激发学生去进行自我教育的教育才是真正的教育,而真正的教育只有当学生有了自我教育要求的时候才能实现"。因此,作为教师,必须强化师德,从观念上调整心态,转换角色,适时把握有效教学的着力点,培养和发展学生的探究问题和解决问题的能力;尊重学生的真实体验,培养学生体验生活的能力;让学生通过道德实践落实道德认知,形成良好的品德和行为习惯,提高自身的品德修养。

参考文献

[1] 课程教材研究所,综合文科课程教材研究开发中心.品德与生活教师教学用书(二年级)[M].北京:人民教育出版社,2007.

[2] 中华人民共和国教育部.义务教育品德与生活课程标准[M].北京:北京师范大学出版社,2011.

[3] 章志光.学生品德形成新探[M].北京:北京师范大学出版社,2002.

在教学五环节中落实学科德育的研究

祝慧婷

教学五环节是指教师在教学过程中的备课、上课、作业、辅导、评价五个环节。而在教学过程中,任课教师都会潜意识地遵循这五个环节进行上课,日复一日,周而复始。

随着课改及基于课程标准的计划与实施的不断推进,数学学科的教学也从单一的知识传授目标向关注学生知识技能、过程方法和情感、态度和价值观的协调发展的三维目标转变,并将着重点放于学习习惯、学习态度、学业成果上。在以往的研究中,数学教师往往将学科德育与学科知识的传授作为两个单独的个体,分别向学生灌输知识。而在新时代的引领下,学生整体认知随着社会的发展也发生了极大的变化,这就对我们教师的课业传授提出了更高的要求。在教学五环节中渗透德育也成了数学教师的必备内容。

数学教师如何在学科教学五环节中渗透德育的工作? 首先,依然是要树立自觉的意识,时刻保持着自觉性以及警觉性,这是在数学教学中渗透德育根本的前提。其次,在教学五环节中都要注重认真思考教材中的德育因素,并根据学生的实际情况,选用最合适的方式,将确定渗透的德育内容在潜移默化中教授给学生。最后,要将教学与德育的教育相结合,而非两个独立的个体。这也要求我们数学教师要着重思考,如何在渗透过程中更使其自然,以防止说教而形成的本本主义的教学模式,真正做到润物细无声。本文主要从如何在教学五环节中落实学科德育为立足点,着重讨论将学科德育融入数学教学常规中。

一、备　课

备课是教学五环节的首要环节。作为首要环节,备课需要承担教学计划的义务。随着教龄的不断增长及学科教研活动的不断展开,要求教师对相关的知识及其与德育的衔接应具有深层次的了解。

自本校开展 STEM+ 课程以来,作为数学教师,在数学课中将数学教学与 STEM+ 相结合是教师的研究课题之一。首先,在备课过程中,仔细思考如何将数学学科与 STEM+ 课程自然融合,提高学生学习的综合素养。例如在教学"图形的拼嵌"一课中,该课可与 STEM+ 中的艺术相结合,让学生在观察、拼嵌中体会数学几何之美,并感悟到生活中处处有数学。

其次,在备课过程中也需要从教学内容出发,思考将德育培养融入教学情境中,保持德育渗透的连贯性。例如在一年级教学"比较"一课和三年级教学"速度"问题时对为什么要用"比较""速度"进行提问。其中所牵涉的公平问题便是渗透德育的过程,也是一个连贯性的过程。此外,提前备课教师能熟知教案,熟知学生的知识程度,以身作则给学生做好榜样,并能有充分的时间思考如何将德育渗透到教学环节中。

二、上 课

上课是教学五环节的核心,是将备课计划付诸实施的过程。因此在课堂中需要严格围绕目标将课堂内容有序推进。课堂五环节包括复习提问、引入新课、讲授新课、总结归纳、课后作业。无论在哪一环节,都是将备课环节所思考的德育渗透付诸实施的过程。例如回答问题要举手,同学发言要认真听讲等。培养良好的学习习惯也是德育渗透的过程。教师需要通过课堂结合所学将德育渗透到学生中,并通过学生的课堂反应做出相应调整,并进行课后反思。

例如一年级的"比较"一课:

师:老师想请 A 同学和 B 同学帮老师一个忙。请 A 同学和 B 同学站到讲台前背对背,同学们观察一下,谁比较高呢?

生:A 同学和 B 同学进行比较,A 同学比 B 同学高,B 同学比 A 同学矮。

师:回答得真完整,声音真响亮,真棒。现在老师请 B 同学站在椅子上。那么同学们想一想,是 A 同学高,还是 B 同学高呢?

生:A 同学和 B 同学无法比较谁比较高。

师:这是为什么?

生:因为 A 同学和 B 同学的起点不一样。

师:你回答得真棒,思考得也很仔细。如果比较不在同一个起点,你们觉得能比较吗?

生：不可以，因为这样就不公平了。

师：是呀，如果不在同一个起点，这样的比较就不公平了。所以在比较的过程中，我们一定要注意在同一个水平线。

又比如三年级的"速度"一课：

师：小象、小兔和小熊比较谁走得比较快。同学们能从图中得到什么信息？

生：小象8分钟能走416米，小兔8分钟能走312米，小熊走416米需要7分钟。

师：小象和小兔比较，谁走得比较快？

生：小象走得比较快。

师：那小象和小熊比较呢？

生：小熊走得比较快。

师：小兔和小熊比较，谁又走得比较快？

生：比较他们每分钟走的路程。

师：对，这就是我们今天要学习的新知识——速度。速度是每分钟走/行驶的路程。同学们想一想，为什么不能直接将小兔和小熊进行比较？

生：因为这样不公平。

师：没错，在比较的过程中，我们一定要怎么样？

生：在比较的过程中，我们一定要公平。

无论是一年级所学习的"比较"还是三年级所学习的"速度"，在教学过程中都是对于德育中"公平"的渗透。在数学学科教育中与思想道德教育相结合，在潜移默化中帮助学生形成正确的看待世界的观念，在吸收知识的同时，也伴随着身心的成长。

三、作　业

作业的布置具有承上启下的地位。作业即是对教师备课及上课有效性的考察，也是检查学生的认知水平的一个重要环节。作业的形式不仅包含口头和笔头，而且应该更大范围地结合涉及知识，让学生融入生活中去学。

例如在教学"左与右"一课时，作为数学教师，我会鼓励学生在学习该课之后，去试着找一找生活中的左与右的应用。

师：在我们的日常生活中，我们经常能听到左与右两个字，例如上下楼梯要靠右行走。诸如此类的例子还有很多。今天就请同学们在回家之后试着找一找,思考一下,它们都藏在哪里呢?

第二天的课堂上大家用了5分钟时间进行了简短的交流。

生: 车都是靠右行驶的。

师: 在中国,车辆都是靠右行驶。如果同学们去国外旅游,在部分国家车辆是靠左行驶的。

生: 乘自动扶梯要求左行右立。

……

在课后的观察中,数学教师放手让学生从生活中观察生活中的数学,让学生更能体会在国内许多关于"左与右"的规则以及大家的潜意识中默认的方式。而在之后课堂进行及时的交流反馈,一方面是对学生在课上所学知识点的检测与巩固;另一方面,也是让学生体会数学学习的乐趣,从中培养学生善于观察生活,感受生活之美、生活之趣,并学会观察、学会发现。

此外,在作业的落实中,不仅需要将数学学科知识与生活应用相结合,渗透德育的过程。而且更应该重视作业的精选,真正落实减负增效。而作为作业的反馈,一方面鼓励学生自我形成及时订正的好习惯;另一方面是学生知识掌握的良好反馈,有助于学生的自我复习及教师对班级学情的掌握。

四、个别辅导或全体辅导

由于学生的个体化差异,生活的环境差异,在辅导中教师也应该提倡因材施教,实现差异化教学。例如对于学习能力强的学生,可以通过鼓励其当小老师帮助学习能力较差的同学,培养其爱心,并增强其团队荣誉观。而对于学习能力较差的学生,在课前课后都注重鼓励,鼓励此类学生大胆发言,大胆提问,大胆请教。在向同学学习的过程中也是一个自我完善的过程,且能激起其努力向上,奋发拼搏的品质。而在学习之外的方面也需要做到关注,注重表扬。对于课堂所应养成的习惯,需要在课堂中反复强调,加深学生的印象。

学生的水平永远是有差距的,由于学生所处的环境、背景不同,学习能力、思维方式的不同,必然存在知识经验与认知结构的差异,让每个学生在有限的35分钟之内学有所获,让课堂教学效果最佳,是身为数学教师的我们在数学教学中不断探寻的课题。在辅导和教学中,我们都需要根据学生知识背景所存在的客观差异,不断思考和探寻不同的学生所适合的发展方法,从而能根据不同层次的学生采用不同的辅导方式,尽力做到每个学生都能在原有学习知识经验的基础上顺利地实现知识、能力、情感的迁移,对不同层次的学生都能发现他的闪光点并进行肯定,从而能体会到学习数学的乐趣以及学会肯定自己。

五、评　价

评价作为最后一环节,是有效性测评的一种手段,具有很强的科学性和标杆性。结果性评价即是对教师是否实施了基于课程标准的评价的考察,也是对于学生对所学知识掌握程度的考察。

如今对于学生的学业成果反馈不单靠指向性综合评价,更大程度在于分项评价,分项评价是检测学生的重要指标。教师在出题时可以将德育渗透于情境中,加深学生潜意识的记忆。

例如一年级的"游园会数学",要求学生在进行口试考查中需要按顺序排队,不拥挤,培养遵守秩序的好习惯;在其他同学回答问题时,做到不故意偷听,诚实守信的好品质;在排队时,要注意离开正在进行口试同学一个身位距离的规则;在等待时要时刻保持安静,要学会尊重他人。

此外,在学习过程中,如今过程性评价也在评价中占了更多的份额,其涉及多个方面,包括学习习惯、学习态度、学业成果等。而学习习惯也是对学生平时德育学习的一项考察。例如在回答问题中是否注重不抢答,在其他同学回答问题中是否学会了尊重,在每天的课堂准备时间里是不是都完成了准备,每天的回家作业是否又做到了独立思考,认真完成等。

评价是手段,但评价的目的是希望学生能够通过评价更充分地认识自己,从而查漏补缺,更有针对性地督促自己进步。如今拓宽了评价领域,也对学生的德育增加了更多的关注,对学生的综合评定有了更广度的观察点,也提出了更高的要求。

教师教学的根本任务是"教书育人",而其中的"育人"便是需要我们在教学过程中也将"德育"放在首位。因此,在教学过程中将德育融入教学,并始终坚持育人为本、德育为先,也是需要我们不断探寻和完善的。在以人为本、关爱学生精神的引领下,数学教师也需要通过对于教学五环节及小学数学教育的研究,在结合小学生好动、善模仿、好奇心强等特点的前提下,将学科德育融入数学教学中,并思考如何以学生更容易接受的方式传授给学生,避免与教学内容相左,避免本本主义。

总而言之,为了满足社会需求及对学生培养的基本要求,包括小学数学教师在内的教师群体在教学五环节中落实德育势在必行,也是需要教师不断思考、反思、改进的课题。

重视课堂中的有效评价，提高学生学习兴趣

一、背景分析

新课程标准倡导学生学习方式上的自主性、探究性、合作性，强调以培养学生创新精神和实践能力为核心。教师需在教学中努力创设民主、平等、融洽、和谐的氛围，充分发挥学生学习的主动性、积极性，师生之间、学生之间相互配合，共同完成教学任务。因此教师应建立目标多元及评价方法多样的评价体系。评价目标多元，不仅指评价知识、技能，还包括认真、态度、乐于助人。评价方法多样，评价是课程实施的一个重要环节，评价学生在课堂上的学习结果、过程、水平，更要关注他们在学习活动中表现出来的情感态度，帮助学生认识自我，建立信息，实施促进学生发展的教学评价。

朗读教学是中小学语文教学的重要组成部分，是学习语文行之有效的方法。《语文课程标准》也明确指出：要让学生充分地读，如何有效地实施小学语文的朗读教学，传统的语文课堂"讲问教学"挤掉了学生读书的时间，在语文教学中，着力培养学生的朗读能力，老师应当学会巧妙、机智的诱导评价学生，使其在读中有所感悟，在读中培养语感，在读中受到情感的熏陶。让学生亲近文本、感受文本情感、获得语感体验，从而实现学生对课文的中心思想全面的了解和掌握。

二、案例描述

教师说："下面请小朋友朗读课文《小壁虎借尾巴》，看谁读得好！"第一个学生拿着书读了一遍，教师评价："你读得真棒，表扬他！"（示意学生表扬）。学生们机械地齐声喊道："棒，棒，你真棒！"第二次请了一位朗读能力稍差一点的学生，他有些紧张，没有读出课文感情。老师随即说："你要继续努力，谁还想来试试？"于是这位同学低头坐下。第三位是一位女同学，教师给她的评价是："你读得真有感情，我们向她学习。"于是学生齐声喊："向你学习！"

一节课下来,掌声、喊声、表扬声不绝于耳;"真棒、真有感情"不断出现,学生们的学习兴趣很高,注意力也很集中,学生的主体性在课堂上有很好的体现。

案例反思:

整节课的环节很流畅,但反思后发现,教师的评价似乎都是漂浮在表面上,在学生学习中起到的引导价值似乎不高。"真棒",具体学生棒在哪里没有明确指出,"真有感情"有怎样的感情,哪里的感情处理得比较好,也未点明。此时的激励性评价只是单纯起到肯定作用,而被表扬的学生朗读水平得不到深化,还是停留在原有水平,不明白下次如何使用朗读技巧。另一位读得不太好的学生,没有得到老师的指导,不知如何努力,他会因此更摸不着方向。这些判断式的模糊评价,没有起到提升和延伸功能,对学生的学习没有推进作用,这样的评价对学生的发展没有很大的引导价值。

作为语文老师,在贯彻新课标理念时,不应只从概念上理解,从形式上改变,应着眼于语文教学的本质,从文本的实际、学生的实际出发,对学习有困难的同学给予点拨,给表现优秀的同学在表扬的同时,还应帮其反思经验,再提供指导,帮助学生提升,延伸学生思维空间。

在实际的课文朗读教学过程中,要想学生学会朗读,首先要给学生朗读的时间,让学生多读、充分的读。朗读练习往往是来去匆匆,如雁掠过,且又"雁过无痕"。朗读成了教学中的一个过渡环节。要真正让学生会朗读,在语文教学中,我们就必须要把更多的时间挤出来,让学生"多读"。根据低年级学生的学情、教材特点,规定每节课的朗读时间,并自我监控达到程度。要留有充足的时间让学生正确地读课文,要求用普通话,声音响亮,吐字清楚,读准字音,在初步理解基础上的表达性朗读,要留够时间让学生试读、练读,读出感觉,读出味道,读出情趣。并且要留读后评议的时间,通过评议,强化对朗读的激励功能、诊断功能和调节功能。

朗读要以理解为基础,课文中一些含义较深的文字内容,可以通过读来意会,从读的情况中最易看出读的学生是否真正理解了所读的文章。在语文教学中着力培养学生的朗读能力,其领悟文章内涵的能力必然会不断增强,通过朗读又可促进对文章的感悟品味。朗读的形式也是多样化的,我们可以采取指名读、齐读、分角色朗读;当需要渲染气氛、推波助澜时,宜用齐读……因此,教师要精心设计朗读训练过程,科学合理地选择好每一环节读的形式。

朗读训练,必须想方设法调动全体学生全身心投入,要适当创设情境、创造气氛,让学生愿读、乐读。如学生朗读时放些相应的背景音乐,有时请学生配配画外音,低年级孩子的语感、朗读节奏都有待培养,孩子在朗读中出现的小错误,诸如很长一段漏字、加字也是难免的。可当孩子们的朗读错误百出,或是对朗读材料明显处理不当时,老师应当善于机智地评价学生,做到引而不发。我们要关注学生的个性差异,关注学生的感受。因此,在朗读教学中也应体现层次性。对朗读的评估也要因人而评,让学生多一些成功的喜悦。

在阅读教学过程中,有效的评价过程就是有效的学习过程。形式多样的评价可有效地指导、激励学生朗读。新课程改变了过去学生成绩单纯由教师评价的模式,除教师评价外,还可以设计多种多样的诵读评价方式。比如,1 人读,全班评价。学生一读完,其余同学马上口头进行评价,此举收效最快,也最常用。除此以外,可以 2 人互评。以前后坐的 2 个学生为单位互评,每人都有 1 张评价表,记录的是对方的朗读成绩,严格要求读出语气的轻重缓急,语调的抑扬顿挫,感情的丰富饱满。

总体来说,要让学生在语文学习中掌握朗读技巧,以朗读感悟文本,实现与作者思想碰撞和心灵交流,是语文教学的最终目的,从生疏到成熟的过程需要语文老师常抓不懈,辛勤付出。作为语文教师,我们的任务就是在教学中,要善于发现激发学生情感的切入点,通过我们的引导,激发学生阅读朗读的欲望,点燃学生情感的火花。

参考文献

[1] 中华人民共和国教育部.义务教育语文课程标准[M].北京：人民教育出版社,2011.
[2] 王根黎.小学语文朗读指导[J].吉林教育,2016(38).
[3] 张虹.提高课堂评价语言有效性的研究[D].上海：华东师范大学,2006.

披文入境　润物无声

——让传统美德教育走入语文课堂

陆　瑾

　　新颁行的《上海市中小学语文课程标准(试行稿)》力图纠正我国语文教学过于重视基础知识、基本技能的倾向,倡导正确的态度、情感、价值观教育在语文教学中的渗透,重视人文素养的培养。这一文本对语文性质和语文课程特征是这样表述的:"语文是人类活动的重要交际工具,也是文化的重要组成部分。工具性和人文性的统一,是中小学语文课程的主要特征"。这一表述,充分揭示了"文道统一"的辩证关系——语文课程活动中的"文""道"是统一而不可分割的整体。现执教新教材四年级语文课本在每一单元前都有一条温情脉脉的导语,引出相关德育主题。比如四年级新教材课本第1页第一单元,就可以看到这样一条导语:"无论是家人轻声细语的叮咛,还是老师意味深长的教诲;无论是默默无言的呵护,还是体贴入微的挚爱,都给我们以温馨的慰藉……关怀,是我们生活中最令人心醉的风景。"这一、二单元的10篇课文全部围绕"关爱"这一主题展开,文章分别为《老师领进门》《餐桌上的大学》《父亲的叮嘱》《留住今天的太阳》《特别的作业》蕴含了老师对学生的关爱、父母对子女的关爱,还有朋友之间的相互关爱。

　　《留住今天的太阳》是小学语文四年级上册教材中的一篇课文,是一篇以"爱惜时间"为主题的精美散文。课文主要记叙了一个爱看日落的孩子,萌发了留住太阳的念头。最后在外婆的提示下,他终于通过实际行动找到了留住太阳的办法——爱惜时间。我在教学《留住今天的太阳》时,就抓住了教学过程中的各个环节渗透了德育。

一、在导语讲解中渗透

　　导语也叫"开场白",人们常说:讲课要有"凤头"。这是说,讲课之前,导语是至关重要的。生动优美的导语,不但能激发学生的学习兴趣,还能使学生受到感染和教育。在本课的教学中,我这样设计了导语:"同学们,每天太阳从东方升起,傍晚在西边落山,这是自然规律。可是今天的小作者却要留住今天的太阳,你们想知道是怎么一回事吗?那就让我们一起来读读课文。"这样的导语,激发了学生学习兴趣,让学生带着疑问去探究学习,明白了小作者留住今天的太阳,就是赶在太阳落山之前做好作业,也就是要珍惜时间。

二、在朗读感悟中渗透

"以声入情,因声求义"的朗读训练,不仅有助于学生对课文内容的理解,对作者思想感情的体会,而且对学生美好情感的陶冶具有潜移默化的作用,教师要重视朗读的训练和指导,教之有法,达到渗透德育的目的。在教学《留住今天的太阳》时,首先,多媒体出示外婆的三句话,分别请学生读一读。在读的过程中,对重要的词语如"笑吟吟""搂"及外婆的口气等进行了指导,我多数采取了范读或领读的形式让学生读准外婆的话。通过范读来指导,使学生在这三节中读得有声有色。在理解最后一句话时,先不着急让学生说说自己的理解,而是让学生以自己对这句话的理解而读,有的学生读得很平淡,我说:"看来,你对这句话理解还不是很深刻。还要多花工夫去理解。"有的学生读得看上去很沉重,我就问他你为什么要这样读? 也能说出一点点的意思。根据学生所说的内容,归纳到黑板上,使学生明白了这句话就是要告诉我们:人不可能留住时间,但我们可以珍惜时间,做一个走在时间前面的人,节约一分一秒看起来微不足道,但我们能在有限的时间里做许多有意义的事。学生在明白了这句话的含义后,对这句话的印象更深刻了,所以最后一小节的朗读,可以说是整节课的高潮。

三、在联系学生实际中渗透

离开了社会生活实际,特别是离开了学生生活实际的道德教育,是无用的道德教育。因此在教学过程中要能联系社会生活特别是学生的实际,对学生进行道德教育。在本课的教学中对学生进行珍惜时间的教育,假如光从道理上告诉学生时间是宝贵的,我们要珍惜时间,相信学生都知道这个道理。但光这样说,能否落到实处呢? 答案是否定的。因此教学中我让学生联系实际,找找平时浪费时间的表现,并有意识地针对拖拉作业这一现象展开了讨论:"同学们,在我们当中,谁留住了今天的太阳,谁没有留住今天的太阳?"孩子们在批评与自我批评中,看到了各自的缺点和优点,找到珍惜时间的有效方法。

四、在拓展延伸中渗透

通过一堂课的教学,学生明白了留住今天的太阳就是要做时间的主人,走在时间的前面,不能浪费时间,虚度光阴。为了进一步巩固效果,在上课结束时,我布置了一些课外作业:

1. 珍惜时间是中华民族传承下来的美德,请你搜集一些名人、伟人珍惜时间的故事或珍惜时间的格言。

2. 应该怎样留住今天的太阳呢? 请你把自己的想法写在日记本里或与同学交流自己的做法。

3. 请把自己最喜欢的惜时名言贴在桌角或床头作为自己的座右铭,激励自己留住今天的太阳。

语文教学中的德育渗透,它不如思想品德课那么直接,它是蕴含在文章的字里行间,要看教师如何去发现、去挖掘、去利用。"披文入境",只有钻进文中,深挖文章中的思想教育点,着眼于把思想教育渗透到语文教学的各个环节,渗透到语言因素及语文教学活动中去,还要与语文训练有机结合起来。通过文中一个个鲜明的形象,一件件具体的事例,使学生从思想情感上受到潜移默化的感染与熏陶,在理解与表达能力提高的同时,也提高了他们的思想道德素质。

浅谈活力课堂

沈颖莹

教学,尤其是课堂教学是我国中小学教育活动的基本构成部分。近年来,随着课程改革的开展,不少学校冲破了必修课一统天下的局面,增设了选修课和活动课,丰富了课堂教学的内容和形式,但在必修课的课堂教学中却大多还保留着习惯的方式,顽强地展现着传统教育思想。有些同志认为,提倡素质教育就是加强选修课和活动课。由此,往往会提出这样的问题:实施素质教育降低了升学率怎么办? 似乎素质教育就是只要发展学生的特长和多让学生活动,不追求基础学科的教育质量。在这种思想指导下,占教学总时数比例最高的必修课的课堂教学的改革,不会有本质意义上的进展,也不可能产生真正的效应。在此背景下,集中探讨课堂教学改革问题,就具有推进、深化学校内部教育改革的全局性意义。

传统课堂教学的主要问题是什么? 为何会存在这些问题? 这是当前深化课堂教学改革首先要回答的。应该说,这些问题曾有过讨论,人们的认识也有进展。如认为过去的课堂教学主要关注教师的教,忽视学生的学;重视知识的传递,忽视能力的培养,忽视学生学习中的非智力因素等。然而,这些认识的进展,尽管起了拓展思路、丰富认识的作用,但仍然局限在对教学性质的传统认识中,并未跳出原有的"大框架"。今天,课堂教学改革的深化首先要求我们重新审视这一"大框架"的合理度。

上述教学理论在实践中特别是在教师的课堂教学行为中的表现,一般呈现出如下特征:

一、完成认识性任务,成为课堂教学的中心或唯一目的

教学目标设定中最具体的是认识性目标,浅者要求达到讲清知识,深者要求达到发展能力。其他的任务,或抽象,或附带,并无真正的地位。

二、钻研教材和设计教学过程,是教师备课的中心任务

尽管也提出研究学生的任务,但大多数情况下,只是把学生作为一个处于一定年级段的抽象群体来认识,研究的重点也是放在学生能否掌握教材,难点在何处等,依然是以教材为中心来认识学生。教学过程的设计除了课程进行的程序外,重点是按教材逻辑,分解设计一系列问题或相关练习,在教师心目中甚至在教案上都已有明确答案设定。

三、上课是执行教案的过程,教师的教和学生的学在课堂上最理想的进程是完成教案

教师期望的是学生按教案设想作出回答,教师的任务就是努力引导学生,直至得出预定答案。学生在课堂上实际扮演着配合教师完成教案的角色。于是,我们就见到这样的景象:课堂成了演出"教案剧"的"舞台",教师是"主角",学习好的学生是主要的"配角",大多数学生只是不起眼的"群众演员",很多情况下只是"观众"与"听众"。

以上就是传统课堂教学模式的大框架,在理论和实践中表现出来的基本特征。本文无意否定它的合理性方面。教学确实应以完成认识任务为主,确实与日常生活中和科学研究中的认识活动不同,具有自己的独特性。但是,我认为这种认识又是有局限的。我们有必要进一步思考以下两个指向不同层面的问题。第一,现行理论是否已经把握了作为认识活动的教学之特殊性?传统理论在区别教学与其他认识活动的同时,是否忽视了它们之间的联系?这一问题在它所处的认识层面上与传统观点是相同的,即仍然把教学当作特殊的认识活动来研究,区别只是在具体观点和视角上。第二,对课堂教学的认识是否仅仅在认识论层次上就足够了?换言之,"特殊认识活动论"能否概括课堂教学的全部本质?这是比第一个问题更富有冲击力的问题,它要求从更高的层次、更综合的角度去认识课堂教学,而且也只有这样,才能更准确地把握教学作为认识活动的特殊性。

为了改变上述状态,我认为,必须突破(但不是完全否定)"特殊认识活动论"的传统框架,从更高的层次——生命的层次,用动态生成的观念,重新全面地认识课堂

教学,构建新的课堂教学观,它所期望的实践效应就是:让课堂焕发出生命的活力。

首先,课堂教学应被看作师生人生中一段重要的生命经历,是他们生命的有意义的构成部分。对于学生而言,课堂教学是其学校生活的最基本构成部分,它的质量,直接影响学生当前及今后的多方面发展和成长;对于教师而言,课堂教学是其职业生活的最基本的构成部分,它的质量,直接影响教师对职业的感受、态度和专业水平的发展、生命价值的体现。总之,课堂教学对于参与者具有个体生命价值。

然而,这一重要价值以前被人们所普遍忽视,包括被一些强调教育与生活关系的教育家所忽视。如提出"教育即生活"的美国著名教育家杜威,他反对把教育的意义只看作是为学生将来的社会生活做准备,主张要从学生的生活出发来改造以书本作为出发点的旧教育,然而,他并未提及教育、教学活动对于教师的生命意义。我国近代著名的教育家陶行知提出过"生活教育",主张"关于生活""依据生活"和"为了生活"的教育,但主要是从社会生活与教育的关系的角度、从学生的角度提出要求的,同样地未涉及教师。另一位著名的教育家是苏联的列·符·赞可夫,他曾以《教学论与生活》为名发表过专著,主要也是从教学与学生个体发展的关系角度进行阐述,同样没有顾及教师,在《和教师的谈话》这本著作中,赞可夫专门谈到了课堂上的生活。他突出了课堂教学不仅要在内容上反映生活,更要注意"儿童在课堂上的生活""不要忘记学生本身的生活",应当从精神生活(人们思想、感情、愿望)的意义上来理解生活。精神生活可能是积极的、丰富的、多方面的,也可能是贫乏的、萎靡不振的、单调的。这里涉及个体的生活,但依然把视线停留在学生身上。我认为,这些认识是重要的,但依然是不完全的,必须看到的是课堂教学质量对教师个人生命质量的意义。如果一个教师一辈子从事学校教学工作,就意味着他生命中大量的时间和精力,是在课堂中和为了课堂教学而付出的。每一堂课都是教师生命活动的一部分。因此,十分重要的是使每个教师都要意识到这一点:课堂教学对他们而言,不只是为学生成长所做的付出,不只是别人交付任务的完成,它同时也是自己生命价值和自身发展的体现。每一个热爱学生和自己生命、生活的教师,都不应轻视作为生命实践组成的课堂教学,从而激起自觉上好每一节课,使每一节课都能得到生命满足的愿望,积极地投入教学改革。这就是我们在认同课堂教学的社会价值、促使学生发展价值的同时,再指出它对教师同样具有生命价值,形成和提出课堂教学对教师和学生都具有个体生命意义这一观点的重要原因。

其次,课堂教学的目标应全面体现培养目标,促进学生的全面发展,而不是只局限于认识方面的发展。

如前所述,把课堂教学目标局限于发展学生认知能力,是当前教学论思维局限性的最突出表现。这一方面是近代以来理性主义哲学和主智主义教育主流思想的反映,同时也是习惯于把原本为整体的事物分割为部分、方面的思维方法的表现。具体地说,就是把生命的认知功能从生命整体中分割出来,突出其重要性,把完整的生命体当作认知体来看待。

平时,当谈及学校教育培养目标,即学生发展的理想目标时,几乎无人会不顾及人的发展的全面性。但在学校教育的实施中,在教学实践中,却又常常把某一类的活动,或以某种内容为主的活动视作只为某一方面发展服务。人们忽视的恰恰是一个重要的基本事实:无论是教师还是学生都是以整体的生命,而不是生命的某一方面投入各种学校教育活动中去。因此,任何学校教育活动都会对人的身心产生影响。所以,每一项学校教育活动都应顾及学生多方面的发展。课堂教学,作为教学的基本活动形式更应该关注这一点。

在此要指出的是,我并不否认在课堂教学中,认识发展作为中心任务的地位,但是,不赞成把学生其他方面的发展任务丢掉,或者使它们完全依附于认识任务。有不少教学论著作中也强调教学过程中要十分注意调动学生的情感,引起学习兴趣,使学生乐学、好学,这里,对情感的重视,实际上只是把它作为服务于学习的手段。又如,有的学者强调语言学习中的情境与情感体验,其旨意是使情感作为有助于识记的背景发挥作用。还有学者强调把文学教材中的情感发掘出来,使学生体验并内化,这比前两者仅把情感作为帮助教师完成教学认识任务的工具要前进一步,但还没有注意到对课堂生活本身促使学生情感发展的价值。在我看来,课堂教学的目标中应该包括情感目标,但不是美国教育家布卢姆在目标分类中所提到的,以服务于认知目标完成、与认知目标相呼应的情感目标,而是指向学生在对己、对事、对他人、对群体的情感体验的健康、丰富和情感控制能力的发展。显然,这不是一节课所能完成的,但却必须通过每节课来实现,渗透在课堂教学的全过程之中。自然,课堂教学的完整目标,还应该包含学生意志、合作能力、行为习惯及交往意识与能力等多方面。其中每一项,都应既有与认知活动相关的内容及价值,又有其相对独立的内容及价值。这些方面的综合,才构成学生生命整体发展。因此,在研究课堂教学时,要注意两方面的关系与整合:一方面是知识体系的内在联系、多重关系,以求整合效应;另一方面是学生生命活动诸方面的内在联系、相互协调和整体发展。这是一个尚需下大力气深入研究的问题。不仅要揭示上述两方面的规律,还要研究课堂教学与这些目标之间的具体关系。但今天可以明确提出的是:我们需要课堂教学中完整的人的教育。

最后,问题进入对课堂教学过程的探究。本文提出的观点是:课堂教学蕴含着巨大的生命活力,只有师生的生命活力在课堂教学中得到有效发挥,才能真正有助于新人的培养和教师的成长,课堂上才有真正的生活。因此,要改变现有课堂教学中常见的见书不见人,人围着书转的局面,必须研究影响课堂教学师生状态的诸多因素,研究课堂教学中师生活动的全部丰富性,研究如何开发课堂教学的生命潜力。

影响课堂教学师生状态的因素从大的方面可分为物质因素和心理因素。物质因素包括自然条件(季节,天气,星期几,上、下午等)和教室条件(空间,空气流通度,光线的亮度,室内布置,洁净状态,设施功能,物品有序态,教学用品配置量,座位排列式,周边噪声程度等)。心理因素较为复杂,又分为个体稳定性因素(在学生方面,包括学习成绩,学习兴趣,习惯,获奖情况,在班级中的地位,期望,与教师的关系,认同程度,个性等;在教师方面,包括业务水平,教学能力,自信度,准备状态,对班级的态度,师生关系,个性,期望等)、个体不稳定因素(师生即时心态,身心疲劳状态,外界临时性强刺激的效应等)和群体因素(包括班风和师生关系等)。

显然,上面所列的因素,除了自然条件外,其他的因素都是可改变和可控制的,改变、控制都应该以教学任务的优质完成为定向。其中,心理因素大部分是通过一段时间的教育、教学实践形成的,形成后即成为稳定态,对形成后的教学实践产生影响。把心理因素作"个体"与"群体"之分,是因为两者不仅有区分,而且有相互作用,尤其是当群体因素形成后,会对个体产生有效的影响。另外,心理因素的非实体性,往往使师生都易忽视,或者不被自觉意识到,但它们却最具影响力。不仅影响到学生在课堂上认知活动的状态与质量,而且影响到人生中处事、对人的态度与方式、整体的情绪状态、情感体验(满足与否)、意志行为等。教师同样如此,他也是带着自己的全部身心和已有经验、状态进入教室,他的心理状态影响他对学生的态度、处理问题的方式、宽容度、耐心、机智,以及满足与否等情感体验。显然,这些都不能被简单地归结为认知因素或仅仅是与认知相关的因素,它们的存在本身具有自己的形态,有自己的作用方式和独立的意义。认识影响课堂教学的全部因素,包括显性的和隐性的;努力形成积极的因素,包括物质的和更重要的心理的;改变消极因素,包括稳定的和暂时的,这些都是为实现课堂教学高质量所必须首先要做的。

诸多的因素参与、影响课堂教学,还不是课堂教学丰富性的全部,甚至可以说还不是主要部分。课堂教学的丰富性主要是在过程中展现。若要使其丰富性发挥积极效应，则必须改变课堂教学只关注教案的片面观念，树立课堂教学应成为师生共同参与、相互作用、创造性地实现教学目标过程的新观念。也就是说，课堂教学要真正成为实现上述新的教学目标的过程，不但要使师生的生命活力在课堂上得到积极发挥，而且要使过程本身具有生成新因素的能力，具有自身的、由师生共同创造出的活力。

为此，仍然首先要做好课前的教学设计，但应该按照新的教学任务来设计教案，内容的组织、方法的选择、学生教师共同活动的方式与过程，都应全面策划。不同的教学观必然会影响教案的设计，本文不可能具体地详细讨论服务于新目标的教案应如何设计（这需要有另一篇文章做专述），只能以提问设计为例。不要以为凡提问必能达到启发学生、调动思维积极性的目的。教师也许把问题编得十分细碎，使学生易获标准答案，由一串细问题循序渐进走向目标；也可能设计得使学生调动起自己的经验、意向和创造力，通过或发现，或选择，或重组的多种过程形成答案。前者体现出教师控制具体过程，希望学生按规定路线行进的强烈愿望；后者则表现出教师重视学生努力进行获取、形成、发现知识的过程，相信这一过程对学生的发展具有多方面的意义。关于教学设计与上课的关系，我十分赞赏德国教育家克拉夫基关于教学计划与教学关系的论述："衡量一个教学计划是否具有教学论质量的标准，不是看实际进行的教学是否能尽可能与计划一致，而是看这个计划是否能够使教师在教学中采取教学论上可以论证的、灵活的行动，使学生创造性地进行学习，借以为发展他们的自觉能力做出贡献——即使是有限的贡献。"所以，一个真正关注人的发展的教学设计，会为师生在教学过程中发挥创造性提供条件；会关注学生的个体差异（不仅是认知的）和为每个学生提供主动积极活动的保证；会促使课堂中多向、多种类型信息交流的产生和对及时反馈提出要求。这样，教学设计就会脱去僵硬的外衣而显露出生机。

教师只要思想上真正顾及了学生多方面成长，顾及了生命活动的多面性和师生共同活动中多种组合和发展方式的可能性，就能发现课堂教学具有生成性的特征。因为课堂上可能发生的一切，不是都能在备课时预测的。教学过程的真实推进及最终结果，更多地是由课的具体行进状态，以及教师当时处理状态的方式所决定的。从这个意义上可以说，一个教师尽管教同一门课，面对同一批学生，但他在每节课上所处的具体情况和经历的过程并不相同，每一次都是唯一的、不可重复的、丰富而具体的综合。教师的创造才能、主导作用，正是在处理这些活的情境中得到发挥，这些活的情境向教师的智慧与能力提出一系列的挑战：当学生精神不振时，你能否使他们振作？当学生过度兴奋时,你能否使他们归于平静？当学生茫无头绪时,你能否给以启迪？当学生没有信心时,你能否唤起他的力量？你能否从学生的眼睛里读出愿望？你能否听出学生回答中的创造？你能否觉察出学生细微的进步和变化？你能否让学生自己明白错误？你能否用不同的语言方式让学生感受关注？你能否使学生觉得你的精神脉搏与他们一起欢跳？你能否让学生的争论擦出思维的火花？你能否使学生在课堂上学会合作,感受和谐的欢愉、发现的惊喜……

也许,还可以再列出 100 个这样的问题,但却不可能穷尽一个真正充满生命活力的课堂所可能发生的一切。我们把教学改革的实践目标定在探索、创造充满生命活力的课堂教学,因为,只有在这样的课堂上,师生才是全身心投入,他们不只是在教和学,他们还在感受课堂中体现的生命的涌动和成长;也只有在这样的课堂上,学生才能获得多方面的满足和发展,教师的劳动才会闪现出创造的光辉和人性的魅力,教学才不只是与科学,而且是与哲学、艺术相关,才会体现出育人的本质。

让德育与语文教学水乳交融

——语文教学渗透德育案例

徐　萍

学生素质的提高,思想道德教育是前提,是关键。语文教学与思想道德教育是统一的,相辅相成的。"道非文不著,文非道不生。"精辟地揭示了语文教学和思想道德教育之间的本质联系。

语文教学在德育教育方面发挥着得天独厚的作用:"小学语文是义务教育中的一门重要学科,不仅有工具性,而且有很强的思想性。"因此,把思想品德教育渗透到语文教学的过程中,使之"入于学生之耳,根于学生之心,导于学生之行"。合理利用教材教书育人很重要。

小学语文教材中的文章,都是经过严格筛选的。在题材、体裁、思想内容、知识结构等方面都具有很强的目的性、目标性。学生在学习语言知识的同时,道德情操、思想行为也会潜移默化受到影响。语文教师如何充分发挥本学科的优势,如何在教学中恰如其分地做到"文道合一",实在是一门值得探讨的艺术。在多年的教学实践中,我深深地体会到,语言文字训练和思想教育是相辅相成、相得益彰的,教学中要注意有机的结合,巧妙地渗透。

一、在拼音教学中渗透

拼音教学是小学一年级上册教学中的一个重点,是教学环节中最应该扎实打好基础的部分,因为它是帮助学生识字、阅读和学习普通话的有效工具,是学生学好语文的一张"绿卡"。在拼音教学中,我不仅重视教给学生发音方法和拼读技巧,以教会学生能读准、会拼读、能正确书写为主要的教学目标,也注重思想情感教育,开展德育教育。

在教学"j、q、x"和"ü"相拼,"ü"上两点省略的规则时,采用"n、l"和"ü"进行对比。当"n、l"和"ü"在一起时,"ü"上有两点,而"j、q、x"和"ü"在一起时,"ü"上没两点。这是什么原因呢？我是这样引导的：这是因为"n、l"和"ü"在一起时，"n、l"经常欺负"ü"，"ü"整天眼泪汪汪，而"j、q、x"和"ü"在一起时，非常关心帮助"ü"，"ü"一看到他们就擦干眼泪开心地笑了。小朋友们，你们喜欢"n、l"，还是喜欢"j、q、x"（孩子们马上说喜欢"j、q、x"），为什么呢？这是因为"j、q、x"不欺负别人，只有不欺负别人的小朋友，大家才喜欢跟他玩，才是一个好学生。就在"ü"的一笑一哭中小朋友们不仅掌握了枯燥的规则，也上了一堂很好的与人共处的德育课。可见，在拼音教学中，只要老师们能敏锐捕捉教学中的教育契机，就能有效地把握教材中的育人资源，自然也能上出一堂活跃、深刻而充满思想感情的课。

二、在识字教学中渗透

识字教学是低年级教学的重点，但低年级的识字教学也如同拼音教学一样是枯燥乏味的，几乎每堂课上都要周而复始地识字写字。识字教学，教给学生识字方法很重要，但也要"在识字教学中，还要倡导学生在生活中识字。"联系生活识字本身就是一个有很多机会对学生进行思想品德教育的过程。

如我在教学"打"字时，先和学生一起学习了这个字的读音，分析了这个字的字形。然后我问，你知道这个字的意思吗？能组词吗？学生便积极地举手发言，组了"打架、打人、打骂"等词语。我听了，先是肯定了几个学生的发言，然后问："同学们，我们能打人、打架、打骂别人吗？"学生一齐回答："不能。"我说："对了，我们在生活中不能随便打人、打架、打骂别人。那你们还能组其他有表示打这个动作的词语吗？"在我的引导下，学生很快组成了"打球、打水、打鱼"等词语。

三、在审明课题、介绍时代背景中渗透

课题是文章内容的高度概括，是文章的眼睛，我每授一课，必定紧扣课文题目，引导审题，使学生从题目入手，先初步感知，获得轮廓印象，介绍时代背景，更有利于学生理解文章内容和深刻的思想内涵，这是教学中必不可少的环节。

在教学《飞夺泸定桥》时，先让学生查资料理解背景，再引导学生读题目，思考课文讲了一个什么故事，要攻取泸定桥，那么怎样攻取呢？"飞""夺"过程中，红军遇到哪些困难，他们怎样面对困难？怎样克服困难？为什么会取得胜利，红军的胜利证明

了什么,读后有什么感受?设计提出这一系列问题,让学生以小组为单位探究学习。再播放电视录像《飞夺泸定桥》,让学生感受当时战斗的激烈,壮士们的英勇气概和大无畏精神,给学生感性的认识。然后,让学生阅读课文,思考红军遇到困难,为什么能表现得那样勇猛,那样无畏?思考是一种什么精神促使他们不怕牺牲,夺取胜利的。这样既利用教材让他们理解了课文内容,同时又受到缅怀先烈,珍惜幸福的教育。

四、在欣赏插图,领悟图意中渗透

引导学生欣赏插图,领悟图意,有助于学生把课文较为抽象的内容形象化、具体化,借此加深对课文的理解,进而深化学生的思想认识。

教学《赵州桥》时,除了看赵州桥的插图外,再利用一幅具有现代化气息的大桥挂图,两者相比较,让学生知道赵州桥的结构特点及好处,了解祖国日新月异的变化,再配之学生对赵州桥资料的交流介绍和教师对桥的历史、年代、形态结构部分的讲述,就能使学生对赵州桥的古朴、坚固、美观留下深刻的印象,感受到中国人民的聪明才智,劳动人民的伟大,产生了自豪之感,从而爱祖国,更爱充满智慧的祖国人民。

五、在分析讲解课文时渗透

文以载道,课文是思想内容的载体,两者密不可分。因而在教学中如能把两者紧密结合,有利于学生对语言文字的理解和运用,又能使思想教育达到"润物细无声"的境界。

教学《金色的鱼钩》时,我引导学生通过老炊事班长3次"笑"的外表,体会他的内心世界:第一次,老班长端来鱼汤,"笑着说:'吃吧,就是少了点儿'。"他还"摸了摸嘴",假装先喝了。这是为了动员3个小病员愉快地喝鱼汤。第二次,老班长见到3个小病员都端着鱼汤不喝下去(小梁知道老班长没有喝鱼汤),便"收敛了笑容",严厉地说:"为了革命,你们必须喝下去"。第三次,老班长看着他们喝完了鱼汤,便"嘴边露出了一丝笑意"。这让学生懂得老班长为了挽救3个小病员的生命、帮助他们走出草地的良苦用心,从而既感受了老班长忠于革命、舍己为人、无私奉献的崇高形象,受到了革命传统教育;又认识到今天幸福生活来之不易。(培养了热爱党、热爱社会主义祖国的思想感情)

　　教学《白杨》时,我帮助学生咬文嚼字,细细体会分析比较,领悟其中的思想感情。对"高大挺秀"一词,我问:白杨树在诸多的树木中并不是最美的,可作者为什么偏用"秀"来形容它呢?通过讨论学生体会到白杨美在它正直,还有那具有顽强的生命力和不畏惧艰难困苦的品格上。我又问:为什么作者不用"高大挺拔"而用"高大挺秀"?进一步引导学生体会作者"借物喻人"的写作方法,使学生更能体会到具有白杨一般品格的建设者们的坚强意志和高大形象以及他们美好的行为,发现作者蕴含在文中对不畏艰辛的建设者们的敬佩和赞叹之情,从而引起共鸣,诱发心灵激荡,产生奋发向上的情感追求。

　　德育过程是长期的、复杂的、多方位的,学生既是教育的对象,又是教育的主体。这种心灵的工程不是一蹴而就的,而是由浅入深,由感性到理性的,不是疾风暴雨式的,而只能润物细无声把思想教育渗透到教学的各个环节,着力培养学生的自我教育能力,点点滴滴、日积月累,最终达到滴水穿石之功效。面对一群待塑的少年儿童,我们既要教会学生学知识,又要教会学生堂堂正正做人。实践证明:在语文教学中只要勇于探索,重视文道结合,有机地渗透思想教育,把思想教育渗透教学全过程,熔知识传授、能力培养、智力开发和思想情操陶冶为一炉,就能真正达到教书育人的目的。

利用课堂观察促进教师的专业发展

王　芳

一、案　例　背　景

　　担任学校的品德与社会学科的教研组长,多年来我一直有一个困惑:如何才能有效提升学校品社老师的教学实效性,为教师们提供专业发展的途径与方法呢?自2014 年至 2015 年,我区小学品德与社会学科开展了"基于课堂观察提升学科教学实效性的行动研究"后,我深深体会到教研组是一个学习型的实践共同体,是提升教师专业发展的重要阵地。在多次参加了区级教研活动有关"课堂观察"的教学研究后,我得到了一些启发与认识:所谓课堂观察,顾名思义,就是通过教师在课堂上有目的有分工地进行课堂观察研究,对课堂的运行状况进行记录、分析和研究,并在此基础上谋求学生课堂学习的改善、促进教师专业发展的活动。它是一种研究活动,在教学实践和理论之间架起一座桥梁,为教师的专业发展提供了一条很好的途径。通过课堂观察,教师借助于合作的力量在实践性知识、反省能力等方面将获得新的发展,进而提高教师的整体教学实效性。我感悟到这就是提升教师专业发展的有效方法,我便以二年级的徐臻隽老师执教的"信得过商店"一课为例将它引入了我们的教研实践之中。

二、研　究　计　划

(一)建立研究团队

　　组长:苏晓燕(德育教导)负责策划、指导。
　　副组长:王芳(品社教研组长)负责具体实施,确定主题、制订计划、组织实施。
　　成员:全体品社兼职教师负责各项准备工作、资料汇总、整理归档。

（二）研究流程

理论学习—集体备课—课例研究—课后研讨—网上交流—评课汇总。

三、行 动 研 究

（一）理论学习

首先,我们结合课标解读,重点学习了品社课程标准中的基本理念。其次,我们全组品社教师通过上网搜集,查找关于什么是课堂观察、如何确定观察点、记录工具的设计、关于现场记录数据的分析和推论等。接着组内教师对学习内容进行了思考,提出了一些自己的疑问。然后由教研组长进行答疑解惑。这一观察前的准备活动,扫除了老师们认识上的盲区。

（二）课例研究

对于如何在品社教学中落实"课堂观察"研究有了一定的了解后,我们结合具体课例继续研究。大家共同选定二年级上册《信得过商店》第一课时作为课例。在教研活动之前,我将我们此次教研活动的目的和任务告知每位听评课的老师。在课前进行了观察说明:这堂课主要是对教师的言语评价、学生小组合作这两部分进行观察。听课老师分组记录观察量表,课后进行观课评价与总结。在徐臻隽老师进行个人备课的基础上,进行集体备课。大家一起分析教材,把握教材定位;确定教学目标,设计教学过程;研究教学方法,集思广益,修改教学设计。通过研讨,大家达成了共识:要强化学生的主体地位,培养民主意识;提倡合作学习,培养学生的合作意识;在课堂教学中,用小组探究的方式,培养学生的探究能力。

四、课 例 展 示

（一）执教教师

徐臻隽老师。

（二）教学内容

信得过商店(选自《品德与社会》二年级上册,上海教育出版社)。

（三）教学目标

1. 情境体验,知道说真话能得到别人的信任,说谎话得不到别人的信任。
2. 故事续编,进一步体会说真话能得到别人的信任,说谎话得不到别人的信任。
3. 交流名言,诵读儿歌,牢记要说真话,不能说谎话。

（四）教学难点、重点

知道说真话能得到别人的信任,说谎话得不到别人的信任。

（五）教学过程

1 活动1:观察图片,揭示课题

师:小朋友,你们看图上这些人在干什么?

师:商店内的商品质量好,价格优,人们买了放心,这种能够得到顾客信任的商店就是信得过商店。今天我们就来学习《信得过商店》(板书课题)。

2 活动2:模拟购物,情感体验

（1）模拟购物,交流购物感受

① 小朋友,你们看,大森林里新开了两家商店。(出示图片)介绍两家商店。

② 你喜欢去哪一家买东西? 为什么? (学生选择说理由)

③ 模拟购物,老师做狐狸老板,选1名学生做小鹿老板,让我们听听他们是怎么介绍的?

④ 学生去自己选择的商店购物。(全班学生散在2个商店购物。)

⑤ (学生购物后回座位)在小组内分享交流自己所购买的物品。

⑥ 老师随机提问,学生交流购物感受。

⑦ 交流后,教师提问:你以后还会去这家商店购物吗?

⑧ 教师明理。(板书:说谎话,得不到信任)

（2）小组活动要求

① 由组长安排,组员依次交流在哪家商店购买了什么物品,互相展示。

② 每位组员查看自己购买的物品,你觉得和商店宣传的一样好吗?

③ 交流:说说这次购物你满意吗? 为什么?

(3) 评选信得过商店

① 小朋友,如果再让你们选一次,这次你会选谁的商店?(学生选择说理由)

② 哪家才是真正的信得过商店? 为什么?(板书:说真话,才能得到信任)

③ 让我们把信得过商店的金字招牌颁给小鹿怎么样? 我们鼓掌向他表示祝贺!

④ 真正的信得过商店,是饱含着顾客的信任和赞美,是多么光荣啊!

3 活动3:续编故事,加深认识

师:小朋友们,还记得一个因为说谎而闯祸的放羊娃吗? 好,让我们一起再来看一看他的故事。

(1) 边看边讨论

① 明明没有狼,牧童为什么要大喊狼来了?

② 为什么乡亲们一听牧童的呼叫就立即上山? 他们会怎么想?

③ 上山后,乡亲们发现没有狼,心情怎么样? 他们会说些什么?

④ 第二次听到牧童的呼救,乡亲们又是怎么想? 怎么做的?

⑤ 为什么当狼真的来了时,没有人上山救助?

⑥ 后来牧童和羊怎么样了?(小组续编故事)

⑦ 交流。

⑧ 通过续编这个故事,我们都懂得了——引读板书。

(2) 小组活动要求

① 组长安排组员依次交流续编的故事。

② 一人交流时,其他人仔细听。

③ 说完后,大家讨论:你懂得了什么?

4 活动4:朗读儿歌,牢记道理

师:我们从小就要说真话,做一个诚实的好孩子。徐老师在这里送大家一首儿歌。(出示儿歌)

学生齐读儿歌。

师:让我们一起来听一听,唱一唱《好孩子,要诚实》这首歌,牢牢记住要说真话。(播放视频)

5 总结

师：通过今天的学习,我们知道了说谎话,得不到别人的信任,只有说真话,做一个诚实的人,才能赢得别人的信任。

师：课后,小朋友们可以回去和爸爸妈妈一起收集一些古今中外关于诚实的小故事,下节课我们继续交流。

五、课 后 研 讨

（一）教研组长教师说课、执教教师课后反思

王芳老师：（说教材）《信得过商店》是上教版《品德与社会》二年级第一学期第4单元的第一课。本单元四课都贯穿着诚实的教育,包括4个要点:不说谎话;有错要认错改正;不是自己的东西不能要;正确评价自己和伙伴。本课重点进行说真话不说谎话的教育。教材内容由"故事园""聪明豆""交流会"和"小舞台"等4个板块组成。"故事园"借用动物的拟人化故事告诉学生:说真话能得到别人的信任,说谎话得不到别人的信任。"聪明豆"使用的材料是传统故事"狼来了"。通过"故事讨论"和"故事续编"的形式,让学生边看图边思考,从中感受到一个放羊的孩子是怎样一步步失去人们的信任的。"交流会"通过古今中外有关诚实的故事,从中吸取教训或得到警示。"小舞台"运用儿歌总结概括了本课的要点,便于学生在熟读后默记于心,作为对自己和伙伴的提醒。

（说学情）本课教材的内容对于二年级的学生来说并不深奥,从徐老师任教的年段学生已有的知识基础来看,关于诚实的重要性,大部分学生都能说出一二。尤其是教材中的"狼来了"的故事,每个学生都耳熟能详。徐老师所执教的这一年龄段学生正处于对知识渴求的阶段,他们有了基本的搜集信息的能力,对于基本的为人处世的道理都懂,但分析问题的能力和解决问题的能力还有待提高,遇到具体情况,具体事件时,他们往往不知道如何做出正确的行为选择。如果仅通过学习课文来激发学生学习、思考的兴趣,提升诚信教育的实效性,这显然是不够的,这就需要老师在课堂中时时关注并予以指导与评价。

（说教法）结合本班学生的特点,从他们的学情出发,徐老师将教学内容分成3个活动板块:第一板块,活动1:观察图片,揭示课题。徐老师从"一块信得过商店的

招牌"引出话题,设计了"见没见过这个招牌? 知道信得过什么意思吗?"这两个问题。而在这儿要特别指出的是,徐老师将培养学生观察与探究能力为关注点,利用直观的图文,使学生带着问题进入学习活动,简化了繁复的情景导入,使学习目的变得更简单明确了。第二板块,模拟购物,情感体验。这个板块,通过模拟购物,交流购物感受。引入两家模拟商店,简单介绍两家商店的情况后让学生去自己选择商店购物。课堂上,老师做狐狸老板,1 名学生做小鹿老板,模拟购物的体验活动引起了学生进一步探究的兴趣。在接下来的小组活动中分享交流自己所购买的物品。学生在听听、看看、说说、议议中循序渐进、层层深入地了解说谎话得不到信任,说真话才能得到信任的道理。真正的信得过商店,是饱含着顾客的信任和赞美。在前几次的试教中,徐老师发现,小组合作的内容、要求和步骤一定要简化可操作,每个孩子只有理解了自己做些什么,怎么去做,活动才能顺利展开,达到教师预设的教学目标。第三板块,续编故事,加深认识。在教学过程中,徐老师根据教材中学生所熟悉的故事"狼来了",设计了续编故事的活动,让小朋友们结合书上的图片合理想象、边看边思考、边看边讨论。这样的设计正是考虑低年级学生的爱听故事、讲故事的特点,用教材教会了孩子明理,从中感受到一个放羊的孩子是怎样一步步失去人们的信任的。在前几次的试教中,徐老师发现,小组合作中,孩子交流的故事情节有雷同,故而采取贴红花、不同的评价语言来鼓励孩子,发挥自己的想象,大胆交流。充分调动了孩子的积极性,加深了认识。第四板块,朗读儿歌,牢记道理。徐老师让学生一起来听一听,唱一唱《好孩子,要诚实》这首歌,牢牢记住要说真话。活跃了课堂气氛,也便于学生在熟读后默记于心,对本堂的学习要点做了总结概括和提炼。

徐臻隽老师: 本次的教学本人在新课标的引导下,改变了教学方法,学法也改变了,体现自主学习的过程。本课目标达成主要体现在:以模拟的方法展示了一个小小情景,提高学生对优劣商品的认识,应用所学的知识,解决实际中遇到的问题。通过让学生亲身参与实践活动"模拟购物",培养学生应用所学知识解决实际生活问题的能力。渗透说真话能得到别人的信任,说谎话得不到别人信任的思想,对学生进行思想品德教育。

本人在教学时提供真实的生活情境,学习方式活泼,学生非常乐于学习。我在教学时,通过示范如何购买东西,引导学生体验生活经验,并让全体学生都参与活动,还通过学生自己评价商品优劣、对营业员的喜恶来调动学生的积极性。在本课堂中还有一些是需要进一步完善的,如:(1)本课中"售货员"的收获最大,"售货员"

一个太少,"顾客"太多,会忙不过来,多一个既可起监督作用,又可帮助收代金券、结账。(2)要做到合理采购,优化使用代金券。(3)要注意情境的创设和对学生的引导。(4)作为"售货员"的学生要会引导"顾客"购买,如:请问你要什么?(5)教师的评价语言应该更丰富,避免无效评价。总之,在新的形势下,我要更新理念,做好校本课程的开发,对不同的学生做到因人施教,使学生学会发现,善于合作,培养探究与辨析能力。

(二)全体品社教师集体研讨

王芳老师:刚才我们听了一节徐臻隽老师执教的二年级上册的品社课《信得过商店》。我对本节课的设计意图又进行了说明,徐老师进行了深刻反思,教师们听了本节课一定有许多想法,请结合如何在品社教学中落实课堂观察,促进教师的专业发展主题各抒己见、畅所欲言。

徐萍老师:在品社教学中要落实自主合作探究性学习,就应让学生有更大的自由进行学习。在教育过程中要强调学生主体地位,给予他们一定的责任和自主权,将学生看作学习的主体,使其进行一定程度的自主活动,让学生在自主活动中体验到精神愉悦。徐老师在教学开始,将学生分成六大组来模拟购物情境,学生可以选择自己所喜欢的商店购物,也可以选择所喜欢的商品采购,自己去评价商品优劣,把学习的自主权还给了学生。

叶立凤老师:不错,给学生更大的权力进行学习。教师要创造和谐的学习环境,实施民主化教学,让学生在充足的学习时间里愉悦地学习,我们就要尽量给予学生学习内容的选择权,学习方法的自主权,学习结果的评价权。在教学过程中与学生始终保持平等,这样就能把学生与教师从相互怀疑,缺乏友爱的气氛中解放出来。结束本科教学前,徐老师出示儿歌,形象进行小结,学生潜移默化地学习,为学生创造了轻松的学习氛围。

冯贤飞老师:品社课堂教学中交往活动的主体应当是学生之间的交流,徐老师要相信学生有成功合作的能力。在语文教学活动中,我们应与学生平等地走进新课程,相信学生,相信他们有学习的能力,创造的能力。在整个的学习过程中,要善于、敢于把机会让给学生,把探究的机会让给学生,让学生充分体验自己学习的过程。

顾芸老师:创设快乐合作的学习环境。合作学习可提高品社课堂教学的效率,使学生获得更多的思考、表达的机会,可养成良好的和他人合作、倾听他人意见的习惯,丰富了情感。在这方面杜老师合理地运用了合作学习,使同学共同讨论、共同交流,互相启发,团结协作,收到了较好的学习效果。

张蕾老师:徐老师在同学们对小组活动中模拟购物环节提出质疑而出现课堂混乱时,徐老师能迅速地把话题导入本课的主题上来,自然巧妙地将矛盾及时地解决;无论是活动中的师生互动,生生互动,都能衔接得自然融洽,有条不紊;时间安排恰当、紧凑,充分调动学生参与活动的积极性。体现出了徐老师较强的组织协调能力,对课堂协调能力较强。

王芳老师:在这节课中,徐教师表现出较强的亲和力,始终面带微笑,教态自然,对学生进行言语的肯定和赞扬,带给学生积极正面自信的情感体验,使学生进入最佳的学习状态。主要出现的问题是语速稍快、稍急,有时学生能说的老师急于代为总结和回答;语调较平淡,导致整堂课虽然活跃紧凑但缺少情感上的共鸣和情感的升华。但对于学生的即时评价还有所欠缺,有不少重复性的话语,评价用语比较单一:多是以重复学生回答、语言单调、应付。这几种评价有一个共同的特点,那就是教师没有真正评价学生,学生无法从老师的这类评价语言中获得肯定或否定。即使像"好的"这类评价语言,看似在肯定学生的回答,但因为学生不知道自己好在哪里,所以最终无法肯定自己。因此,这种评价对学生来说是无效的甚至是负效的。比如刚上课的时候让学生回答"为什么不选择到小鹿的商店购物?"在一位学生回答后老师只是急于找另外一位同学补充,而没有对发言同学的回答及时加以反馈和点评。希望徐老师耐心倾听,相信学生。及时给予回答的同学以鼓励和引导,多运用评价技巧,进行建议性评价。今天评课结束之后,把听课教师交流的意见和建议进行总结并上传至品社网络教研,以促进上课教师的自我反思。

苏晓燕老师:开展课堂观察,就要改变原来单兵作战的工作方式,从教学上的孤立的个人主义走向合作的专业主义。作为一名品德教师,只有基于学生的学情,以人为本,因学定教。关注课堂生成,引导学生积极自主的发展,教材才能被激活,课堂才能真正有效、实在,品德课程才能真正成为"最有魅力的课程"。作为执教品社学科的我们,只有从每节课做起,从每一个环节做起,在教学实践中认真学习、积极探索、深入研究,才能营造出民主高效的课堂。感谢徐老师,为我们提供了一堂有价值的研究课例。我们全体教师在今后的教学实践中在此方面还需不断的探究和摸索,从而促进教师的专业成长,使学生的学习真正变"要我学"为"我要学"。

"等第制"评价，促进探究活动的开展

——以"空气是否存在于物体里"探究活动为例

叶　瑛

一、案例呈现

（一）评价目标

1. 能对"所提供的物品里是否存在空气"提出疑问，做出预测，并就"如何感知物体里存在空气"提出疑问。

2. 能通过小组讨论，得出可以利用感官或所提供的材料感知多种物体里存在空气的各种方法。

3. 能设计简易的图或表来记录"空气是否存在于一些物体里"试验的预测及探究结果，并能准确清晰地记录在学习单中。

（二）评价内容

本案例围绕"空气是否存在于一些物体里"探究活动，定位于"学习习惯"评价维度，设置"提问习惯""合作习惯""记录习惯"等三方面的评价内容，侧重于根据"对'所提供的物品（吸管、粉笔、辣椒、塑料鸭子玩具等）里是否存在空气'及'如何感知空气的存在'提出疑问的情况""小组讨论，利用感官或所提供的材料（水等）感知物体里存在空气的方法的情况"和"设计简易的图或表来记录'空气是否存在于一些物体里'试验的预测及探究结果的情况"等 3 个观察点来进行评价。

（三）评价方式

围绕"学习习惯"这个评价维度，对于"提问习惯"和"记录习惯"评价内容，分别设置"交流访谈"和"学习单记录"的评价方式，均由教师作出评价。对于"合作习惯"评价内容，设置"同伴评价"的评价方式，由其他学生小组的评价员进行评价。

（四）评价要点

"提问习惯"和"合作习惯"的评价均在课堂中进行。教师在师生交流中,对每一小组对"教师所提供的物品里是否存在空气"及"如何感知空气的存在"提出疑问的情况进行评价。在针对"如何利用感官或所提供的材料感知物体里存在空气"的问题进行小组讨论后,通过交流各小组的方法,由其他小组的评价员对"合作习惯"进行评价。

"记录习惯"评价内容根据学生的学习单、由教师进行评价。课堂上展示2—3位学生的学习单上所设计的试验记录表,根据"记录表是否能涵盖'空气是否存在于一些物体里'试验的预测及探究结果"且"记录表是否简易"进行评价;课后教师收集每一位学生的学习单,对"记录习惯"进行评价。

针对"提问习惯""合作习惯"和"记录习惯"的评价,能呈现出学生在"空气是否存在于一些物体里"探究活动中思考、合作与记录的过程,以此来培养学生良好的提问习惯、合作习惯和记录习惯,实现评价在探究活动中的融合。

（五）课堂实录（片段）

师：同学们,我们已经能证明塑料袋里装的是空气,对于老师提供的这4样物品（辣椒、粉笔、吸管、塑料鸭子玩具）,一些同学认为这些物品中的某些物品里也存在着空气。那你们能不能想出办法,来判断这些物品里到底有没有空气? 小组讨论一下,看看哪个小组想出来的办法最多,哪个小组讨论的物品最多。

生1：我们小组经过老师提醒后,找到了一种方法,将吸管横着放到水中,用眼睛看,如果能看到气泡,说明吸管里有空气。

师：1号组讨论出了一种判断吸管中是否存在空气的方法,且指出了用眼睛观察、吸管横着放到水中,我们给1号组的"合作习惯"一颗"☆"。

生2：我们小组经过讨论后,认同1号组用水来观察吸管中是否存在空气的方法,但觉得使用水来判断的方法,不仅可以用在吸管,还可以用在粉笔上。

师：4号组经过小组讨论,能用一种方法,判断多种物品里是否存在空气,很好!我们给4号组的"合作习惯"两颗"☆"。

生3：我们小组经讨论,把吸管和粉笔横放在水中,用眼睛看是否有气泡来判断是否有空气;把辣椒、海绵也放在水中,并捏一捏,如果有气泡,说明它们里面也有空气。我们还讨论了塑料鸭子玩具,猜想它会不会像装满空气的塑料袋一样,里面有空气,空气会从小孔里跑出来,如果我们把它的洞口对着皮肤、用手挤压它,皮肤上感到凉凉的,就说明里面有空气了。

师:6号组经过小组讨论,对老师提供的每一个物品都想到了可以判断空气是否存在的方法,且使用了用眼睛看、用手捏、用皮肤来感觉空气的存在,棒极了! 我们给6号组的"合作习惯"三颗"☆"。

二、案例简析

"等第制"评价能及时、明确、有针对性地反馈学生的课堂表现。本案例针对"空气在哪里"一课中"空气是否存在于一些物体里"探究活动,设计和实施"学习习惯"维度的评价,根据评价目标与评价内容所设置的等第标准明确、可操作,在帮助理解"一些物品里是否有空气"知识内容的基础上,关注了学生在科学探究活动中提出问题,并对所提疑问的可能答案做出猜测,选择和使用感官或材料来"找空气",设计简易的图或表来记录预测及探究结果,从而有效引导学生意识到自然界中有些物质不能被直接感知,但可以想办法间接地去认识,可以运用多种感官仔细观察。

儿童绘画中对"形"整体观察描绘的年龄阶段特征及教学策略研究

徐苏彬

经常有同事、朋友拿着他们年幼孩子(4~6岁)的绘画作品让我点评,惊叹这些学龄前儿童丰富想象力和生动夸张造型的同时,我发现它们有一个共性特征——"散"。大多数画面中的"形"都以局部高度概括、孤立状态呈现,缺少必要的整体组织联系。

这一现象引发了我的好奇,因为"形"是构建美术学科的基本要素,所以到了我们小学阶段,儿童对"形"的认知和把握能力及"形"所具有的基本存在方式和表现方法就成为美术课堂教学中的重点和难点。

按照美术教育家维克多罗思菲德的理论,儿童学习美术的发展可以分为6个时期:涂鸦期(2~4岁);前图式期(4~7岁);图式期(7~9岁);写实初期(9~11岁);拟写初期(11~13岁);决心时期(15岁以上)。小学阶段绝大部分同学(二至五年级)正处于从图式至写实初期的过程,即我们称之为"绘画转型期"阶段。这时儿童的空间知觉能力不断提高,由过去的二维空间思维逐渐向三维空间思维过渡,美术表现逐步由主观写实表现向视觉写实表现发展,他们对于"形"的认知与掌握程度,随着年龄变化,心理、生理、智力、文化等方面的差异,以及成年人影响,会有各自迥异的表现。由于认知能力和表现能力、生理发展和心理发展的"不合拍",常常导致了许多学生在"转型时期"对绘画中"形"的认知和把握遇到很多挫折和困难,并直接导致对绘画逐渐失去兴趣和信心,这引发了我的思考。

一、儿童绘画转型时期对"形"整体观察描绘的年龄阶段特征分析

如果按照格式塔心理学派的经验行为观点:"整体不等于部分之和,整体乃是先于部分而存在并制约着部分的性质和意义",那么小学生随着年龄增长、能力发展,其观察描绘对象过程中对"形"的"整体"和"局部"认知是如何发展的? 具体表现和影

响因素在哪里?有否客观规律可循?为了更好地说明问题,笔者对本校学生做了一组采样实验调查,并记录了相关数据。

(一) 实验对象

学校在册学生共 432 人,实验调查选取一、三、五年级学段共 257 名学生参加,其中一年级 3 个班共 76 人;三年级 4 个班共 96 人;五年级 3 个班共 85 人。

(二) 实验方式

实验采取各年段学生自主选取画幅不同的画纸(15 厘米×20 厘米、20 厘米×30 厘米、60 厘米×80 厘米),在无外界指导的情况下分别独立观察描绘写生 4 组物象(学习文具、花卉静物、自行车、人物),每组写生时间为 35 分钟,然后教师进行类比、分析、数据统计。在 257 名学生实验调查样本中除 4 例由于特殊原因(生病、请假)没有参加外,剩余 253 例均为有效样本。

通过实验我们发现,学生对画面中"形"的整体把握能力和其年龄有着密切关系。低年级儿童(7~8 岁)在对"形"的观察描绘中普遍存在主观夸张,想象力丰富的特点,其很难完整客观地表现"形"的整体,更不善于组织画面。现代科学已经证明:造成以上低年级儿童画面特点的原因和早期儿童是自我中心主义者有关。

在实验中,各年段学生(中高年级学生更为突出)在观察描绘不同对象时,描绘对象越是复杂,画面中"形"的整体性表现越强,细节表现也最为精彩。如果距离对象越近,以上效果就显著。这和他们视觉经验和观察能力密不可分。

综合对比,我们发现随着年龄增长,特别是儿童步入中高年级以后,心理和观察能力的提升,导致他们对"形"的整体观察更全面深入,对"形"的描绘变得越发客观整体,对"形"的整体组织联系能力也呈逐步提高的趋势。

低年级儿童(7~8 岁)多是采用记忆画法,受到表现能力的局限,他们更多喜欢选用概括线条突出表现物象最显著的局部特征,不受细节变化的影响,对"形"局部的描绘呈现出高度概括、不细致的特点。例如,他们画人时并不受人体结构的细节影响,可以用圆圈代表一个圆形的头,一条曲线就是胳膊,手掌可以忽略不画,但不会忘记画五根手指头。这印证了阿恩海姆的理论——"人类眼睛倾向于把任何一个刺激样式看作是一个已知的条件所允许达到的最简单的形状"。但儿童随着年龄增长,特别是步入中高年级(9~11 岁)以后,他们开始注意到"形"的局部细节,表现能力的提升和表现技法的丰富，使他们对"形"的局部表现呈更加深入细致的趋势。

低年级(7~8 岁)学生对"形"的描绘偏爱在画幅较小的纸张上进行，年龄越小趋势越明显，反映了低年级儿童描绘"形"时，对画幅变化多采取谨慎保守的态度，这和他们缺乏全局观念有关，而高年级学生这方面有明显的进步。因为，随着年龄增长，儿童空间感知能力得到发展，他们对画面中"形"的全局整体观念把握得更加得体。

二、转型时期,在"形"的观察描绘过程中,根据学生年段特征对其进行科学干预、正确引导十分必要

通过实验分析、论证我们初步得出结论：主观夸张，丰富想象，弱化局部细节，忽视"形"的整体表现，是儿童的一种"内在需要"自然行为，一种天性。随着年龄增长，认知水平、观察能力、表现能力和空间感知能力的逐渐增强提高，他们会逐步提升对"形"的整体描绘表现能力。但实验还显示，五年级学生中有超过 30%的学生并没有因为年龄的增加而相对应"形"的整体描绘能力同步提高，其能力远远弱于同龄人水平，甚至还停留在前图式期。

中师大美术教授李力加认为：造成以上现象是因为儿童在美术学习中心理发展阶段有着其因人、因环境等各异的条件因素，所以，这些矛盾的出现和现状也不可能是一成不变的。一个儿童在美术活动中其心理发展过程产生矛盾，导致出现新的需要、新的兴趣和新的活动形式，是儿童心理发展的动力。如果这些矛盾不发生，儿童心理发展上就不能从一个阶段过渡到另一个阶段，儿童也就停留在已有的认知水平上。这就需要我们每一位美术教师本着二期课改"关注每一位学生发展"的精神，在儿童转型时期，对学生表现"形"的"整体"和"局部"时进行必要的干预，绝不能在教学中"无为而为"。这会导致一大批中高年级(10~11 岁)学生放弃运用绘画语言表达思想、感情，由绘画的参与者变成一个旁观者。因此，儿童必须在这段过渡的时期内在绘画上取得足够的进步，以使他们在具有批判能力之后，不至于发现自己的画太差劲而对画画失去信心。

当然干涉、引导的前提是具备科学性，不能盲目干预。随着年龄的增加，儿童走向所谓的"写实绘画"和成人美术的"写实"还是有本质区别。他们对自然物态"简单的模仿"与"再现"，是带有主观意念的自我表现和内在情感，是通过形象化思考所形成的外在反应。他们追求把"形"画像，但"永远"也画不"像"，还不时加入自己的个

人情感和想象,显得那么意趣盎然,是真正的艺术之"真"。如果教师的干预、引导缺乏科学性,只会束缚儿童最重要的"真",得到那些空洞、刻板机械、毫无价值的画面。以下是根据笔者教学实践经验归纳总结的几条儿童转型期内影响画面中"形""整体"和"局部"表现的几条相关因素:

1. 儿童年龄的增加,使其心理、生理方面得到发展,观察能力逐步提升,如果此时对观察对象的方法和选择对象的能力没有得到有效的提高和发展,会直接导致了儿童对"形"的整体描绘能力不能和年龄增长相匹配。

2. 儿童年龄的增加,使其智力、文化等多方面得到发展,表现能力逐步得到发展,如果由于掌握的绘画表现手法较为单一,就不能对"形"的"局部"进行深入刻画,对"整体"进行有效组织。

3. 儿童年龄的增加,其空间感知能力得到发展,如果由于缺乏必要的生活经验和训练手段就不能很好地理解、把握"形"的"整体"和"局部"关系,不能形成全局的整体观念。

三、根据学生年段特征,提出优化儿童对"形"整体观察描绘能力的教学策略

(一)从小学会观察、学会思考、学会选择,不断提高对"形"的整体描绘能力

儿童描绘"形"的能力高低取决于他观察力水平的高低。左拉说,"观察的才能要比创造的才能更为少见。"

① 从小学会和描绘对象保持合适的观察距离

从儿童心理学角度来讲,儿童更喜欢描绘 1∶1 的"形",对过远的对象往往无从下手,缺乏描绘热情。所以笔者在教学中非常重视从低年级开始,学生描绘过程中控制和对象的距离,如:有些小玩具、树叶、文具可以让学生拿在手中,近距离观察,边观察边描绘。在室外描绘较大物象时,我总是提醒他们:"能近点,那我们为什么不近一点呢?"合适的描绘距离,一定能让学生把"形"的局部表现得非常精彩,从而更加突出"形"的整体性。

② 从小学会多角度地审视观察描绘对象

结合自身实践教学,笔者发现描绘对象角度的选择对"形""整体"和"局部"的表

现有直接影响。学生从二年级(绘画转型初期)就可以开始尝试从多个视角(正面、侧面、背面、仰视、内部等角度)全方位观察对象,理解"形"的不同状态,这有利于学生养成善于思考、善于表达的好习惯。

在实践教学中,低年级儿童可以更多选择从正面、背面(一点透视)去观察对象,利用他们已有的视觉经验,轻松表现"形"的"局部"精彩,通过不断添加达到丰富"形"的"整体"。中高年级学生可以尝试多从侧面、内部(多点透视)观察对象,这时他们已具备了全面认识事物的能力并充满了表现欲望,能从各个角度全面展示"形"的"整体"和"局部",从而培养了他们丰富的想象力、创造力和发散性思维。

3 从小学会选择合适的对象进行描绘

在实践教学中笔者发现越是复杂对象,学生描绘的画面越是整体,局部越显精彩,这就提醒我们教师在为他们准备描绘对象或让学生自主寻找对象时要选择那些比较复杂的对象描绘。如:"美丽的头发"一课中我选择以新娘的发型为对象,组织学生进行描绘。学生们利用各种粗细变化的线条,用堆加的办法让画面从局部扩展为整体,表现了完整的新娘发型,同时对新娘发型上各种装饰品进行了深入细致的刻画。如果描绘的对象选择是新郎,效果肯定有"质"的区别。

(二)根据学生年段特征,通过丰富表现手法来提升学生对"形"的"整体""局部"的组织和刻画

1 中低年级儿童应学会利用各种短线条组合,直接表现"形"的"局部"精彩,间接突出"形"的"整体"

著名画家、美学家荷加斯说:"蛇形线灵活生动,同时朝不同的方向旋绕,能使眼睛得到满足,引导眼睛追逐其无限多样性。"

在笔者看来如果学生描绘的"形"如像老式挂钟的"嘀嗒声"一个节奏,会让孩子和周围的欣赏者都失去信心。"形"吸引人的关键是"局部"的精彩,应多鼓励中低年级(二、三年级)同学,习惯灵活运用各种长短、曲直、粗细、疏密变化的短线表现各种"形"的丰富细节。比如:"写生坐着的人物""画画自己的鞋子""植物的细节"等课中,笔者鼓励学生寻找这些"形"中最吸引人的局部特征(发型、鞋带、叶脉等)。让学生思考怎么样的线条来表现"形"的局部特征最为合适,怎么排列、组合、重复线条能让"形"的整体变得更加自然、富有情趣。

2 中高年级学生应该利用重叠、疏密的长线条组织整理画面,烘托"形"的"整体"感

布鲁墨在《视觉原理》中提出一个"参照环境"的概念:"被见到的物体所处的环境对它的大小感觉发挥非常重要的影响。"参照这个概念,笔者认为学生观察描绘的"形"要具有整体感,首先在于学会组织,要利用"环境"。所以,应多鼓励中高年级(三、四、五年级)同学,学会利用各种长线条组织画面,突出"形"的"整体"感。如:"美丽的大上海""画画我的学习用品"二课中有许多学生表现的建筑、学具个个分离,画面显得零乱无比。我就让学生尝试用各种长线条组织串联"形"(把树连成片、房子连片、把路连成片,加桌布把学具包围起来)使其显得更加整体有序。

(三) 根据年段特点感知画面,树立全局观念,提升"形"的整体表现力

格式塔心理学家特别强调形式的整体性,注意各个因素的有机结合,而绘画中"形"的整体性更多是相对于画面而言的。儿童在绘画转型初期不具备全局的整体观念,在描绘"形"时往往不能和画面空间相适应,不是过大,就是过小,直接影响了画面的整体性。所以,让学生学会在画面上表现相应大小的"形",对画面的整体性形成具有十分积极的意义。

1 低年级同学通过改变绘画工具,树立学生胸有全局的整体观念

笔者发现学生描绘"形"的过程中比较喜欢用铅笔,是因为对儿童而言这样比较有安全感,其结果是直接导致不自信的学生会花大量的时间来擦拭修改,又达不到解决问题的效果。笔者鼓励转型初期(二年级开始)的学生就开始习惯用水笔、毛笔、笔炭等直接描绘"形",因为这些工具的线条更富于变化,所以学生表现的"形"更显情趣。工具的不可修改性,让学生在描绘前有思考、有准备,所以画面更显整体,有效树立了学生胸有全局的整体观念。

2 中高年级同学利用画幅大小变化和视觉原理突出主要物象,提升全局的整体观念

在教学中经常碰到那些"形"因为太小和画面"不匹配"的情况,笔者鼓励学生根据"形"的大小进行取景裁剪的方法(裁剪画面大小),这样既鼓励学生用更加活泼生动的形式表现客观世界,又达到画面有整体感的目的。

当然,改变画面大小来把握"形"的整体,并不是一个长久有效的方法。著名的"邦佐错觉""奥比森错觉"的中心意义在于大的环境内物体会显得小一些,在小环

境中的物体会显得大一些,有的视觉心理学家把这种在夹角中变化的原因,归结为透视现象。

我们应该引导中高年级学生利用已有的生活经验通过对比的形式来突出"形"在画面中的整体感。比如画"鞋子的联想",笔者就是利用对比、添加的方法引导学生用小人、各种小房子、小景物来衬托出鞋子的主体性,从而使画面更有整体感和层次感。

3 高年级同学尝试在不同外形画纸中展现合适的"形",感受理解全局观念的相对性和统一性

平时的课堂教学中我们不应该墨守成规,可以利用各种形状(圆形、方形、不规则形状)或不同画幅尺寸的画纸对学生进行画面中"形"的合适度训练。这样学生比较容易理解客观世界的局部与整体关系是个可变因素,"形"的大小、整体是相对应纸张画面大小而言的,它们相互对比,相辅相成。

四、实验类比教学策略的实效性和推广价值

笔者根据自身的教学策略研究,在一段时间的教学实践后,继续做了一组相同参照的实验进行了对比,发现在"形"的整体描绘能力、局部表现能力和全局整体观念方面有了显著的提高。

五、结　语

小学阶段美术教育非常重视围绕着"形"展开的一系列课堂教学活动,因为它是这一时期儿童心理、生理、人格及全面成长的学科教学检验标尺。在二期课改的今天,我们小学美术教师应该清醒地认识到,处于绘画转型时期(8~11岁)的儿童,由于心理和生理发展的不断完善,导致他们更加积极地关注"形"的"写实"。但这种所谓"写实"的"形",更多的是儿童自我表现和内在情感的外在反映,一种个人主观意志,不能用所谓成人的"像"这个概念,对孩子错误地影响和干预。我们应更多地关注不同年龄阶段儿童对"形"的观察描绘过程中,"形"的整体把握和局部表现能力的客观规律。通过课堂教学的"有效性",发挥教师的导向性作用,关注每一位学生的发展,根据不同年段儿童对'形'的认知,设计科学、有效的教学策略,帮助他们更好地对"形"进行全面的理解、把握。努力提高儿童观察描绘"形"时、"整体"把握和"局部"

细节表现的能力,引导他们顺利走出"绘画转型期",迈向艺术的成功之路。

当然,儿童美术教育中对"形"研究是一个涉及面极广、内涵极丰富、难度又很大的内容,它与儿童发展之间的关系十分复杂,文中提到的部分教学策略,只是根据笔者的教学实践和调查研究所得,尚不"成熟",需要我们更多的美术教育工作者进一步的探索和努力。

参考文献

[1] 王令中.视觉艺术心理[M].北京:人民美术出版社,2005.

[2] 罗恩菲德.创造与心智的成长[M].王德育,译.长沙:湖南美术出版社,1993.

[3] H.加登纳.艺术与人的发展[M].兰金仁,译.北京:光明日报出版社,1988.

[4] 尹少淳.走进课堂.美术新课程案例与评析[M].北京:高等教育出版社,2003.

[5] 李力加.萌动与发展.儿童美术教育学研究[M].山东:美术出版社,2001.

人物画创作促进学生艺术思维
发展的实践策略研究

徐苏彬

　　纵观人类艺术历史宝库中的传世佳作,绝大多数作品都是以人物题材而呈现的。究其原因,一方面,"人"是世界的主体,是文明的主宰,世界的主要创造者。把"人"作为观察、认知世界的载体,最能引发人类情感上的共鸣。另一方面,就观察对象本身而言,"人"是最易捕捉的"形",他受客观条件限制也是最少。所以,当下小学生美术学习中人物画内容占比最重,并贯穿整个小学阶段,而对人物画创作探究则成了美术教师的重要职责之一。

　　随着心理、能力的变化,小学中高年级(10~12岁)学生在人物画创作过程中已不满足幼儿时期符号化表达方式,他们笔下的"人物形象"更趋"写实",更加"理性"。但外界评价时,却极少关注该时期学生作品中的"人形"是如何得来的? 学生在整个创作过程中,其感悟、思考、反映等一系列艺术思维过程,即如何从脑海里由一个意象的"形",逐步生成、转化为作品中创新的"形"的过程。因其极具价值,故引发了笔者的研究兴趣。

一、小学中高年级学生艺术思维发展在 人物画创作中的具体呈现

　　艺术思维(Artistic Thinking)泛指在艺术创作活动中,想象与联想,灵感与直觉,理智与情感,意识与无意识,形象思维与抽象思维经过复杂的辩证关系构成的思维方式,他们彼此渗透,相互影响,共同构成。在小学中高年级阶段人物画创作中,我们对艺术思维的诠释更多体现在形象思维上,其类似于艺术家把客观对象转化为艺术品时留有的艺术痕迹过程。具体是指:在科学定位美育课程目标下,从情感、生活经验上唤起学生对主题中"人物形象"的再认识,通过梳理要素、本质解读、合理组织,不断提升、区别"人物形象"的"清晰度"和"典型性",从而产生更加明确、更具共性的"艺术新形象"的创作过程。

（一）小学中高年级学生生成、再造的"人物形象"，呈现其独立人格和社会意识的不断发展

小学中高年级的学生心智逐步成熟，自我意识进一步发展，社交范围扩大，故伙伴（朋友）开始占据了他们生活的重要地位。人物画创作学习中，学生能透过绘画语言，不断展示内心世界，稳定"我"的形象。同时，主题的出现让学生不断生成、再造出同伴及相互关系。

（二）小学中高年级学生生成、再造的"人物形象"，呈现其对审美感知和辨析能力的发展

美术教育学者维克多·罗恩菲德（Viktor Lowenfeid）把儿童成长时认识世界的主要方式归纳为视觉型和触觉型两种。相比其他载体，"人形"同时满足以上 2 个条件，是认识、辨析"形"最好的载体。小学中高年级学生心智高速发展，在解读、提炼"人形"这种复杂形象美感的过程中，他们能有效刺激其艺术思维中感觉知觉的发展。

（三）小学中高年级学生生成、再造的"人物形象"，呈现其理性分析和整体组织能力的发展

小学中高年级学生认知心理正处于瑞士儿童心理学家让·皮亚杰让（Jean Piaget）所划分的具体运算阶段末期。具体表现为学生可将形式与具体内容分开，并能根据假设来进行逻辑推演。人物画创作恰恰是利用主题故事，让学生在理性分析过程中逐步推动对"形"的组织能力。我们发现学生在表现"美术社团活动"这一主题时，作品的完成不是一蹴而就的，而是根据情节变化不断添画、组织各种人物，逐步完善。同时，为了烘托人物，学生尝试把不同空间的道具，根据需要重新组合，展示了强大的逻辑推理能力。

（四）小学中高年级学生生成、再造的"人物形象"，呈现其联想和创新能力的发展

艺术教育非常看重学生的"想象力"，如何正确看待"想象力"则更为重要。小学高年级学生不同于低年龄孩子的"自我完满"的状态，其知识面更加丰富，导致其对"形"的超现实和再现性趋于弱化。这不代表他们的想象力消失了，而是在此基础上增加了抽象思维，创造的"形"更合理，更完整，更符合逻辑。所以，人物画创作中不断

改造的过程有利于提升学生艺术思维中联想和创新能力。如学生由中国宇航员跨出太空舱门的场景,联想到了他可能会看到的外星人,富有情趣但又合理。又如学生在高楼大厦上设计消防设备、逃生通道,看似科幻,其实都留有现实生活的影子。

二、小学中高年级学生人物画创作的现状及实验调查

既然人物画创作对小学中高年级学生艺术思维发展作用巨大,那为什么许多学生还是抱怨:"不想画人物!",而美术教师们似乎也不愿意在美术课堂中触碰更多人物画内容。肯定是哪里出了问题?为了解开答案,笔者会同区内项目组老师做了一次问卷调查,想从数据中解惑学生"惧"在哪里?人物画创作的"路"又在何方?(部分调研数据见下图)

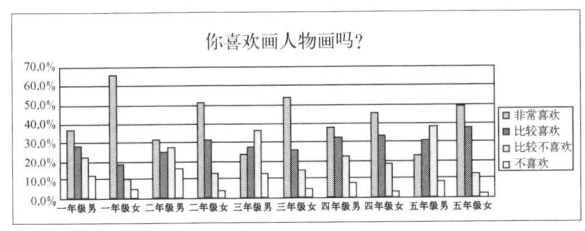
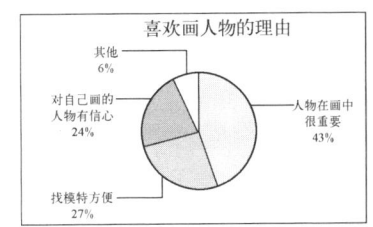

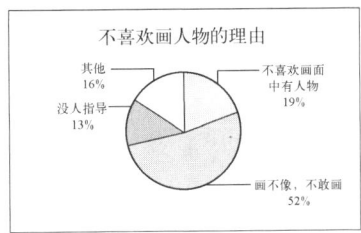
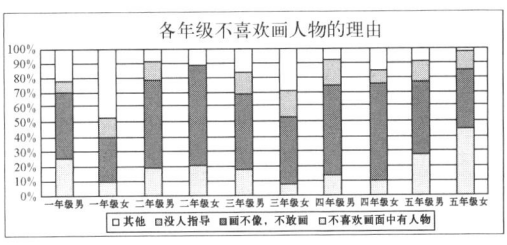

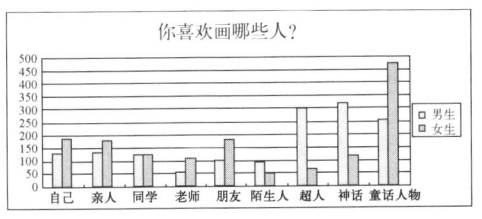
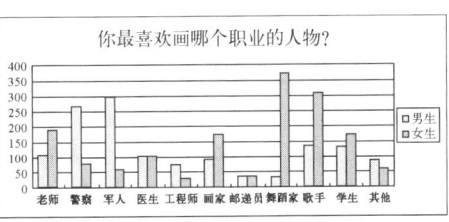

调研数据(部分)

三、从"人物形象"创作的核心要素入手,运用积极、有效的策略促进学生艺术思维发展

通过调查,我们清楚地发现主题选择、观察方式、素材汲取、角色刻画、组织表现、环境烘托、材料技法等,这些人物画创作过程中的"核心要素"直接影响学生学习心情、态度及最后表现结果。换而言之,教师如能从以上"核心要素"入手,不断优化、合理干预,才是助力学生艺术思维发展的关键。

(一)基于学生经验,主题先行

美国教育家约翰·杜威(John Dewey)认为最好的教育就是"从生活中学习"。学生只画他看到的、知道的,能记住的"形",而这些"形"就在他们的生活经验中。

1 真实体验引发共鸣,兴趣有助提高效率

调查问卷中80%以上的同学愿意尝试表现的主题就是其平时学习、生活中经历过的片段。例如,学生都对饮食主题存有强烈共鸣,在体验、模仿环节中他们踊跃参与,兴趣极高。

人物画主题创作教学过程中,有时教师过于主观,强加主题给学生,总是认为学生预设的主题肤浅,没有"内涵"。结果,由于主题脱离学生实际,导致学生兴趣全无。其实,学生预设的主题都很好,关键是老师是否及时发现其中的"亮点",并给予有效建议。有位女生想画班上的同学,却无从入手,适逢学校体检,故笔者建议她多观察体检中同学们的有趣神态,就有了一幅满意的作品。

2 相对开放的主题能引发学生参与度

调查问卷中,笔者还发现一个共性的问题——学生对于开放式的、半命题的主题更愿意积极加入,他们更喜欢在一个相对自由的空间内充分发挥、探索、表达。学生积极添加、组合"新"形象,而不是照搬和模仿。

(二)审美入手,任务驱动,主动观察,筛选比较

瑞士心理学家让·皮亚杰(J. Piaget)的结构主义认为,学习不是由教师向学生的传递知识,而是由学生自己主动建构知识、信息的过程。在人物画创作教学中,重在学生遵循艺术法则,明确主题下人物形象"美"在"哪里"?

1 从审美出发,引发学生感悟

英国艺术史家 E. H. 贡布里希(Sir E. H. Gombrich)说,美感是需要人引导和影响的。教师应该在尊重学生视知觉本能的基础上引发学生的审美感悟。

2 主动观察,有效观察

心理学中把主动观察称为有效观察,只有当我们确定好主题(任务),带着目的去观察、寻找,学生才能逐渐感知到"美"的存在。如果没有任务驱动,学生对车站里常见的各式人物是忽视的,他们不会发现人物形象的动姿、体态、节奏美感。学生们之所以能创作出很多优秀作品,原因就是在于他们能静下心来反复观察、比对、提炼。

3 尊重学生观察习惯,鼓励多元视角

在人物画创作中,小学生因为身高原因使其观察世界的方式有限,他们更喜欢像画家老彼得·勃鲁盖尔一样站在平视的角度来描绘笔下的各色人物形象。即使客观人物呈现其他视角,他们仍"聪明"地避开他们所不擅长的"空间透视",把人物形象不断压缩和扁平化,作品形式也越来越"现代",这值得教师去肯定。

当然,随着年龄、心智成长,小学中高年级学生一定会不满足当下相对单一视角的表达方式,会对多视角、空间、透视充满着无比的期待! 那时,教师应及时关注,并根据他们的需要给予及时帮助和指导。

(三)筛选、积累有效素材,事半功倍

小学中高年级学生使用多媒体的能力相对低年级学生有质的飞跃,完全可以利用网络、拍照、录像等手段独立搜集创作素材。笔者发现很多同学不会搜集素材,又没有写生积累素材的习惯,仅凭"记忆"再现人物形象,往往造成好的主题而角色刻画显得空洞、呆板,缺乏细节和感染力。

(四)围绕主题,多手段、多途径塑造角色,不断生成、再造清晰、典型、共性人物形象

1 善于捕捉角色的表情、动态变化

在调查分析中,我们发现学生普遍喜欢动漫这种绘画形式,且小学中高年级最为突出。笔者认为,动漫人物夸张的表情及丰富的姿态变化是深深吸引孩子的重要原因,他们只要习得一些基本技法,就可以天马行空地自主创作。

2 利用道具促使角色形象更加典型

今天,我们所熟悉的艺术人物(角色)往往伴随着典型的道具符号。如:小说中

孙悟空的"金箍棒"、李逵的"板斧",现代影视中超人的"斗篷"……道具能凸显人物内心世界和情感需求,使得形象更饱满,特征更具典型。

③ 刻画细节有主次,相互关系需明晰

人物故事"讲"不好,角色表达不清晰,一直困扰着中高年级学生,他们在人物画创作中"流水账""偏题"是常事。关键症结是画面中各角色关系没有拉开距离,细节刻画没有主次,缺乏"画眼"。这时就需要我们老师引导学生用草图不断明晰主体。

④ 有效组织主题下角色,凸显人物形象共性特征

小学中高年级学生伙伴意识初步形成,他们非常热衷于表现自己和伙伴们——群体人物。如何整体组织画面中的众多角色,让许多学生束手无策。此时教师应多让学生参考一些名家作品,给予学生一些经典组织样式的参考,然后结合主题,在凸显人物形象共性特征的基础上展开构思,并进行知识的"迁移",即先概念,后演绎,再运用。

(五) 底图明晰,利用环境有效烘托人物形象

对于人物画创作作品而言,环境的表现是不容忽视的。如果营造得好,它能更好地对主题进行氛围烘托。如一个学生用淡墨、细线来处理火车站的环境,非但没有喧宾夺主,反而衬托了画面中人们急迫回家过年的思乡之情。

(六) 艺术媒介(材料)的合理运用,多元"人物形象"的表达

艺术表现需要借助媒介来完成,美术学习过程中学生非常喜欢材料及表现手法的多样性及其不确定性。但我们要清醒地认识到,艺术媒介材料本身没有优劣之分,关键看能否有助于学生对"人物形象"的艺术表现。正如美国美术教育学者维克多·罗恩菲德(Viktor Lowenfeid)提到的"儿童所使用的任何技巧或材料,必须要适合他们的需要"。

① 发挥材料特性,生成再造切合主题的"人物形象"

优秀的学生人物画主题创作作品背后都折射了指导老师对工具和材料的熟悉程度。如学生想要描绘周日和家人在公园里悠闲团坐场景,尝试选择多种工具和材料后都感觉不理想。在笔者的建议下,学生选择了用"粉彩笔",利用明度对比,在有色纸上描绘出宁静公园下的人们,情趣盎然。

② 尝试不同材质,生成再造不同性格的"人物形象"

有 3 位同学都选择了同一题材,但因为审美角度不同,所以选择了不同的工具和材料。笔者认为每一种选择都是对的,关键是学生先需明确自己要表达哪种性格的"人物形象"。

四、针对人物画创作中制约学生艺术思维发展的"核心要素",设计单元目标课程,逐步应对、分解难点,形成教学新模式

在调查儿童人物画现状过程中,笔者深刻体会到人物画创作中很多小学中高年级学生普遍存在:主题含糊不清、观察不得法、人物描绘细节能力不足、人物动态表达缺乏手段、组织模式单一、材料运用不熟练等情况,从而制约了学生的艺术思维发展,阻碍了他心里那个"人物新形象"的产生,让他们变得异常沮丧,畏难不前。如要掌握这些"核心要素",则需要一定时间的系统的练习,短短 35 分钟的课堂教学显然是不够的。所以,笔者认为,关键要依托现有教材,根据学生心智、能力基础,设计人物画创作单元课程,把"核心要素"的掌握落实到各年段平时教学中去,逐步应对、分解难点,并从中兼顾不同个性学生的需求。

(一) 设计人物画单元目标课程意义和价值

① 单元目标

单元目标是指突破传统教学目标观,从单课走向单元,建立纵向的教学目标观念,在中长期内预设教学目标。

② 人物画主题创作单元的教学目标

(1) 解读小学中高学段学生的身心发展水平及人物绘画的认知规律,以课程标准为纲领,精细化地解读教材,理清该年段人物画创作的教学目标,形成系列。

(2) 探索小学美术课程中高学段对人物的描摹要符合学生少年时期的理性需求,在此基础上对学生提出创作性的要求。帮助学生学会从创作的角度来发现生活,用艺术思维来关注生活,并提升学生的组织表达能力。

(3) 设计有序的单元化作业,关注学生学习的连续性和整体性,以单元核心知识、技能与作业之间的逻辑关系为突破口,探索小学中高学段人物画创作的作业设计与实施的途径、方法和手段。

（二）实施人物画单元目标课程成效

在人物画单元课程实施过程中,笔者遇到了很多困难,但结果是令人欣喜的。如下四幅作品,出自同一位同学之手,不同的主题、不同形象、不同组织、不同材料、不同技法、不同视角……她表达起来都能得心应手,皆源于她从三年级开始尝试"人物画单元课程"学习的结果。

作品《民航弹射逃生椅》
作者： 陈橙 12岁

作品《鲁迅公园灯会展》
作者： 陈橙 10岁

作品《"游"动漫影视嘉年华》
作者： 陈橙 12岁

作品《高跷高又高》
作者： 陈橙 11岁

近年,在"人物画单元课程"推广阶段,笔者会同区内 12 所小学美术老师对 72 个所在平行班级的中高年级(三至五年级)学生进行大样本双盲试验。通过数据对比发现,较之没有实施人物画单元课程的班级,习得人物画单元课程后的学生,其艺术思维发展与表达都有不同程度的提高。

五、结　语

中国美术教育的最终目的是培养人,培养像艺术家一样思考,一样实践,一样品质的人。所以,重视培育学生的艺术素养,让他们学会艺术思维,学会遵循艺术法则,学会有情怀的表达,是当下我们艺术教育工作者的重要职责。笔者坚信,积极、科学的干预,能帮助学生把心中所思、所想的那些"人物形象"尽早、尽好地展现。同时,人物画单元课程教学新模式也能助学生突破障碍,受益!

参考文献

[1] 罗恩菲德.创造与心智的成长[M].王德育,译.长沙:湖南美术出版社,1993.

[2] 贡布里希.艺术的故事[M].范景中,译.南宁:广西美术出版社,2008.

[3] 艾斯纳.儿童的知觉与视觉的发展[M].孙宏,译.长沙:湖南美术出版社,1994.

[4] 鲁道夫·阿思海姆.艺术与视知觉[M].滕守尧,译.成都:四川人民出版社,2005.

[5] 让·皮亚杰.结构主义[M].倪连生,译.北京:商务印书馆,1984.

[6] 约翰·杜威.民主主义与教育[M].王承绪,译.北京:人民教育出版社,2001.

[7] 尹少淳.走进课堂(美术新课程案例与评析)[M].北京:高等教育出版社,2003.

[8] 钱初熹.美术教育促进青少年心理健康[M].上海:上海文化出版社,2007.

[9] 杨景芝,黄欢.从直觉到理性:青少年艺术发展中的转型教育[M].武汉:湖北美术出版社,2011.

丰富批改符号，提升评价指导性

沙　青

一、丰富批改符号的必要性

《数学课程标准》提出："对数学学习的评价要关注学生学习的结果，要关注他们学习的过程……更要关注他们在学习中的情感体验。"长期以来，在数学教学中，老师们都习惯于用"√""×"两种符号来批改作业，虽然这两种符号在判断计算正误，比较学习差异方面有一定的作用，但它们不能全面评价一个学生审题、观察、分析、判断、计算等方面的基本素质，而这些东西却正是学生学习潜力之所在。随着教育改革的深入，作业的批改方式对激励学生学习的积极性，减轻学生的学习负担都有重要的意义。"√""×"的符号因为其缺乏激励性、指导性，已经不能适应当前教育发展的需要。

二、个性化批改符号的作用

我曾仔细观察过作业本发下后要求学生订正时的场景，学生们表现各不相同：20%的学生，由于平时学习基础比较扎实，重新审视错题后，马上进行订正；40%的学生看到有错后，张口就问旁边的同学："这题怎么做，过来说给我听听。"然后有的听懂了，马上订正，有的则听得一头雾水，结果就听写答案。30%的同学一看到有错，干脆拿过别人的本子，把正确答案抄一遍，应付了事；再看看剩下的10%的学生，盯着作业本看了一会儿后，脸上露出痛苦的表情，更有甚者，将练习本往课桌里一扔，不看也不订正，能拖就拖。

针对以上情况，我也寻找过原因，发现大部分学生是因为不知道自己错在哪儿，又懒得重新做一遍，索性一抄了之，应付交差。这样下去，哪来的订正效果？下次的作业，同样的错误还会重演：不会做的题目还是不会，批改也失去了它的积极意义。

为了改变这种订正现状，我想到了用个性化的符号，去弥补"√""×"评价功能的不足。想到马上付诸行动,我找来班级几位学情不等的学生与他们进行沟通,最终在我们班级、达成了共识——在数学作业或练习中,用下列 4 种记号进行批改:

(一)在题目前打"△",表示因粗心计算而错。

(二)在题目前打"〇",表示因抄错题目而错。

(三)在题目前打"∅"表示因方法不当而错。

(四)在题目前打"☆",表示解法简捷或有独创性。

学生根据看到的符号,不但可以知道自己错在什么地方,还能从老师的评价中获得自信与成功的喜悦。

又一次作业本发下……

"哎呀,我怎么这么粗心,又是计算错误!"一个学生说。

"我也是,上面数字是 95,抄下来变成了 65,以后我一定要细心点儿了。"另一个学生附和道。

"哈哈,这道题目我又得了☆了,昨天做这道题时我就想了好几种方法,还是觉得这种方法最便捷,果然不出我所料。"戴着大队长标志的一位女学生说。

实践证明,这些富有指导性的批改符号调动了学生的学习积极性,让他们消除了订正时的畏难情绪,促使学生进一步地独立思考,自觉纠正作业中的错误。使学生既提高了推理分析、自我纠错的能力,也逐步养成了独立订正、及时订正的良好习惯,从而体验成功,增强自信。

另外,学生的书面作业也是向老师反馈其学习效果的一种重要渠道,通过这些批改符号,我不仅可了解学生对该阶段知识的掌握情况,而且通过对学生错误的分析和研究,也可反映出自己课堂教学中的亮点与薄弱环节,让我可以改进自己在讲课、批改等教学过程中的方式和方法,有助于完善自我,提高教学有效性。

三、结　语

众所周知,数学学科和其他学科相比而言较为抽象和乏味,要让学生在学习中"知其然,知其所以然",教师不仅要对学生的学习结果做出判断,更重要的是要培养学生反思自我学习过程的意识。个性化批改符号会向学生展现出数学学习的思考性与教师的人文关怀。作为数学教师,我将继续积极地进行探索和研究,在教学理念、方法、手段等方面进行大胆地创新和实践,使学生体验到学习数学的乐趣。

STEM+课程"风从哪里来"科目方案

金 珏

一、课程内容

"风从哪里来"是针对小学阶段一至三年级学生开设的 STEM 项目课。根据不同年段学生的知识结构和学习特点,我们围绕"风"这个主题,针对不同年级设计了不同的教学内容。

一年级以"感受风"为主。首先,带领孩子们走出教室,寻找、观察、感受风,再将自己的观察和感受所得带回教室,看风、画风、听风、颂风。欣赏与风相关的各种图片、视频;聆听风的声音;发挥创意在画纸上表现风;朗诵与风有关的诗歌作品;制作风车、风铃,在转动的风车和美妙的铃声中进一步感受风的存在。

该主题聚焦于孩子的感性认知,融合语文、美术、音乐、科学等多个学科。引导孩子利用视觉和听觉感受风的同时,学会观察生活、感知身边世界,学会用美的、充满创造力的方式去表达。

二年级以中国传统工艺"风筝"为主,从天气角度学习风的基础知识,开展简单的项目制作。首先带领孩子们从天气预报入手,用风向和风速描述风。初步掌握判断、分析等科学方法,学会判断方向,分析风的两面性,对风的力量形成理性认识。并利用生活化的材料制作风向标和风力计,在校园里搭建小小风力监测站。掌握了风的基本知识后,以小组为单位搭建结构,创意彩绘,制作独一无二的风筝。最后,在校园里举办小型风筝节,孩子们集体展示、放飞风筝。

该主题融合数学、科学、美术等多个学科。孩子判断、分析、制作、游戏,对"风"形成更深入的了解。

三年级以问题"风从哪里来?"驱动课堂。首先,孩子们寻找生活中的风,诵读古诗词中的风,利用身边的物品动手制造风,思考风的形成。再通过一系列模拟实验和游戏,进一步探究风形成的原因。探究结束后,在生活中寻找风的作用,制作风帆车、电风扇等风力相关装置,并利用工程设计方法,完成"自制吸尘器"的工程任务。最后,进一步了解风的两面性、风力发电的历史,制作微型风力发电装置,掌握能量转换的概念。该主题融合语文、数学、科学、工程等多个学科。孩子们用科学方法进行探究,用工程设计思维完成任务,不断展示和分享自己的探究和设计。由浅入深地了解风、探究风、善用风,感知科学和工程与人类生活的关系。

二、单 元 导 览

单 元 导 览 表

年 级	主 题	单 元	活 动
一年级	感受风	预热课程	分组活动与团队建设 工具的使用与实验安全 课堂规则说明
		颂风、画风	寻找、观察、感受各种各样的风 创意画——画风 创意制作——风车
		听风	聆听各种各样的风 创意制作——风铃 欣赏与风有关的诗、歌、谣
二年级	风筝	预热课程	分组活动与团队建设 工具的使用与实验安全 课堂规则说明
		风速与风向——风向标	天气预报——描述风 风向与方向 风速与风级 风的作用与两面性 校园风力监测站——风向标与风力计
		制作风筝	风筝结构制作 风筝创意彩绘
		放飞风筝	放风筝的方法与技巧 放飞风筝

（续表）

年　级	主　题	单　元	活　　动
三年级	风从哪里来	预备课程	分组活动与团队建设 工具的使用与实验安全 课堂规则说明
		主题探究—— 风的形成	飞走的气球 热对流与空气运动 "穿堂风"与"空气炮"
		迁移运用（一）	拓展阅读——风的利用 风帆船制作 微型电风扇 设计吸尘器
		迁移运用（二）	模拟风力发电装置
		拓展学习—— 风的另一面	风的另一面

三、课 程 评 价

　　该课程评价共有总结性评价、过程性评价和成果性评价 3 种评价方式。以教师评价为主，学生互评为辅。其中，总结性评价以学生手册、课程回顾和课堂回答为载体；过程性评价维度建议见下表；成果性评价需根据课程中的项目或任务目标制定评价标准，下文中将以三年级"风从哪里来"中的"吸尘器设计"项目为例。

（一）过程性评价

　　本评价维度仅供参考，请根据学校育人目标或相关课程教学目标制定评价标准。

过程性评价维度建议表

维　度	学 生 行 为 规 则
遵守课堂规则	在老师有明确规定的情况下，举手示意并得到允许后方可发表意见、回答问题 在非动手操作环节，不擅自使用实验工具和材料 不把玩与当下学习活动无关的工具

(续表)

维　度	学　生　行　为　规　则
沟通与表达	能够清晰、流利地表达自己的观点 能够认真倾听他人的观点,理解他人阐述的内容 能对他人的疑问做出有效的、及时的反馈
尊重他人	在他人发表观点、进行作品展示时,认真倾听 发现他人的优点,给予恰当的赞美 当他人对自己的观点或作品提出意见和建议时,能够认真听取,并根据合理的建议进行反思,对自己的错误的观点和行为加以改正
团队合作	愿意与他人合作完成任务,愿意为完成共同的目标贡献自己的力量 当团队内部出现分歧时,愿意做出妥协,为达成一致的意见而努力
动手能力	能够又快又好地完成实验或其他任务 了解工具的作用,能为任务选择恰当的工具,并能正确使用工具
安全意识	使用工具时注意安全,能将危险工具与自己和他人的身体保持距离 特殊实验除外,任何器材、工具不得食用 用完剪刀、美工刀、锥子等锋利物品后及时收纳 遇到危险或紧急情况,及时采取正确的措施或向老师求助
科学方法	能够利用科学的方法进行探究:提问、预测、实验设计/制订计划、正确地实验操作、观察实验现象、记录实验过程与实验结果、分析实验数据、得出结论
工程思维	能够利用工程设计步骤完成任务,定义问题—设计—制作—测试—改进 能遵守工程标准与限制,完成任务 在工程设计与制作过程中,遇到问题不气馁,能够分析问题、想办法解决问题

(二) 总结评价

总结性评价,主要考查学生对于课堂知识的掌握和理解程度。

建议评价依据:学生手册;课后回顾;课堂回答。

(三) 各年级成果评价

请根据课程中的具体项目或任务目标制定评价标准。三年级"风从哪里来——吸尘器设计"任务评价规则见下表。

"吸尘器设计"任务评价规则表

维 度	描 述	评分（满分 40 分）
标准	电路连接,是否能正确通电	电路正确连接,吸尘器扇叶运转,10 分 电路连接错误,吸尘器扇叶无法运转,0 分
	吸尘器吸尘性能	吸尘器能够正确吸风,并能吸起碎纸屑,10 分 吸尘器能正确吸风,但无法吸起碎纸屑,5 分 吸尘器风向错误,0 分
创造性	在给定的材料基础上,能适当增加自己的创意,或使用多种材料进行丰富和完善	满分 5 分,依次递减
	在给定材料基础上,能进一步丰富和完善吸尘器的功能,比如添加纱布防止尘屑乱飞	满分 5 分 依次递减
美观度	整体美观度 （学生互评：由学生举手投票决定）	票数最多的组 10 分 依次递减

如何指导学生写体验性作文

陈飞雁

什么是体验性作文？体验性作文是学生对日常生活中的事物进行观察和实践之后,将其观察实践的过程记录整理而成的作文。

叶圣陶说:"生活如源泉,文章如溪水,泉源丰富而不枯竭,溪水自然活泼地流个不歇。"《语文课程标准》也指出"写作教学应贴近学生实际,让学生易于动笔,乐于表达,应引导学生关注现实,热爱生活,表达真情实感。"因此,学生的习作应根植于火热的现实生活,表达真实动人的内心体验。生活是丰富多彩的,是取之不尽、用之不竭的信息宝藏,只有把学生的目光引向生活,引导他们不断发现,开掘生活信息之源,撷取有意义的、生动的、鲜活的作文素材,才能让他们写出富有生活气息的作文来。

教师指导学生写体验性作文,就是引导学生注意观察日常生活中的事物,激发他们的学习写作兴趣,先让他们学习怎样观察,再让他们把观察或实践的过程整理成文。这样,不但可以解决写作文的材料问题,而且可以培养学生观察、思考、想象的能力。

指导学生写体验性作文,可以从以下几方面引导学生积累习作素材:

一、自然美景——看到的习作素材

美妙的大自然,五彩缤纷,千变万化,它既似无穷无尽的画卷,又如神奇莫测的万花筒。春云夏雨、秋月冬雪,无不独具风姿;大山小溪又有其无穷的奥妙;鲜花、小草、绿树、嫩果点缀大地,美化生活。只有让学生走进大自然,使他们得到美的享受和陶冶,获得丰富的感性知识,才可为作文积累素材。

案例:

初冬的一次习作课上,我正在进行作文评点,忽然一阵狂风吹过,教室外面纷纷扬扬下起了大雪,有几位同学便向窗外张望,我不免眉头一皱,用目光注视着这几位同学,本想制止他们,哪知,同学们的目光跟着我一齐投向这几个同学。这下可糟了,教室里顿时泛起了层层波浪。有的同学小声议论:"下雪了!"有的说:"这雪花真好看!"有的……看到这情景,我明白,同学们的心已经收不回来了,干脆让他们看个够。于是我说:"同学们既然这么喜欢雪,那我们就到窗口欣赏雪景如何?"同学们纷纷涌向窗口,静静地站在那里,好奇地观赏着这年冬天的第一场雪。此时,我突然想起四年级一次考试中的作文题目"打雪仗",观赏完雪景,我就让他们也写了一篇关于"雪"的文章。结果不少同学很快就写出了富有真情实感的文章。

二、社会万态——悟到的习作素材

现代社会,日新月异,城市与乡村的巨大变化,无不为学生提供着无穷无尽的写作素材。我们只有让学生平时多注意观察周围的社会生活,全面了解社会,才会使他们有深刻的思考,独特的见解,倾吐出来的话语才会有深刻的思想性及鲜明的时代性。

案例:

"五一"劳动节那天,我取消了所有的家庭作业,让学生给父母擦一次鞋。好多同学乍听都很惊奇,我神秘地一笑:"这是秘密。"作文课上,我就问同学们:"我们父母的鞋是什么样子的?"很多同学都踊跃回答,有的说:"破烂不堪。"有的说:"饱经沧桑。"有的说:"非常时尚。"……我又问:"父母的鞋为什么会这样?""给父母擦鞋有什么感受?"同学们刚开始陷入了沉思,接着便开始了讨论,气氛异常热烈。我看时机已到,便说:"今天,我们就以'给妈妈(爸爸)擦鞋'为题写一篇文章吧。"因同学们都有独特体验,故文章大都写得真实、具体、感人、深刻。

三、娱乐游戏——玩出的习作素材

好动喜玩,乃孩子天性。茶余饭后,孩子们喜欢三五成群地参加各种有趣的娱乐游戏:有的玩四驱车;有的玩跳绳;有的玩溜溜球;还有的玩起了乒乓球……总之,不管孩子们做什么游戏,都是那么的专注、认真。只要我们引导学生留心感受,这些不就都是孩子们信手可得的习作素材吗?

案例：

那年，因学校在"六一"节要举行一次游艺会。很多同学都去猜谜语了，见同学们对猜谜语兴趣浓厚，于是，在习作课上，老师让同学们猜谜语，同学们甭提多高兴了。猜谜结束后，老师问："同学们是怎样想、怎样猜的？"同学们高兴地说："这些谜语都是描写人物外貌特征的。"接着，老师就要求他们针对人物特征，写一位自己最熟悉的人。并要求他们写完后，先别说出姓名与性别，念给大家先听，如果大家能猜出是谁，就说明文章已抓住了人物的个性特征，写得具体、生动。同学们由于写的都是熟人熟事，因而写出来的文章生动感人。

四、偶发事件——拾到的习作素材

生活之水不会一成不变，它常会泛起涟漪。每个人的生活中都有一些难以预料的事件。我们如果引导学生随时撷取生活浪花，用自己的头脑去思考、去判断，用自己的心灵去感受、去呼唤，那将会带来意想不到的效果。

案例：

一次语文课上，一位教师正领读课文，忽然一只小鸟从窗外飞了进来，同学们的注意力一下子便被吸引过去了。小鸟在天花板上到处乱飞，教室里尘土弥漫，同学们更是乱成了一锅粥，有的站在桌子上开窗户，有的拿起笤帚去追赶。这位老师呢，正为小鸟扰乱课堂秩序而生气，忽然灵机一动，有了，这不就是活生生的素材吗？干脆放手让学生去"拾"吧。小鸟总算飞走了，可同学们的"恋鸟"热情却丝毫没有少，相互嬉笑着、谈论着，老师趁势让学生把刚才的一幕写下来，结果同学们因亲身经历了，所以写出了不少生动、具体，富有生活情趣的文章。

五、亲历劳动——感受到的习作素材

"艺术源于生活，高于生活。"生活是最直接的素材来源。让学生到劳动中去感受生活，体验生活，领悟生活，这样才能得到第一手习作素材，为习作打下坚实的基础。对于现在的孩子来说，劳动是很难得的，有过劳动经历便会很难忘，这些生产劳动是训练直觉思维、感受生活的极好机会，也是积累写作素材的有效途径。

案例：

那年秋游,同学们亲自经历了挖红薯。在红薯地里,同学们你追我赶,干得特别起劲。于是,我就将作文教学和这次生产劳动有机结合起来,抛开课后安排的学生没有亲身经历过作文题目,让他们感受体验后再动笔,结果不少学生写出了言之有物、言之有序的好文章,其中魏思锐同学和眭弘同学的习作,写得相当不错,当我在班级中交流时,引来许多学生的赞叹声。

六、创设情境——设计出来的习作素材

《新课标》指出:写作教学应贴近学生实际,让学生易于动笔,乐于表达,应引导学生关注现实,热爱生活,表达真情实感,要为学生的自主写作提供有利条件和广阔空间。减少对学生写作的束缚,鼓励自由表达和有创意的表达。小学生对现实生活的体验,明显带有儿童的特点和情感意志的倾向。他们往往从自己的感情和意志需要的角度出发,以自己的兴趣爱好去识辨外界事物。使体验变成一种自我情感和意志的表现形式。因此,真实的体验,不知不觉去体验,出乎他们意料的体验,一定能让孩子在惊喜之余,产生非说不可的写作欲望。

愚园路小学印佳蕾老师有一次作文课上,拿出精心准备好的一份"天才试卷"告诉学生:"这是中学老师针对你们五年级毕业生而出的试卷,能不能进入理想的中学,一测便知。"学生一下子兴趣盎然,接着,她宣布了几条纪律:不能左顾右盼,不能影响他人。5分钟完成20道题。

试卷发下去了,教室里鸦雀无声。有的学生瞟了一下就"唰唰唰"开始动笔;有的学生奋笔疾书,眼见时间嘀嘀嗒嗒流逝,脸上露出焦急的神情;还有的学生先是紧张万分,继而悠然自得。5分钟后,印老师没有收考卷,而是让学生齐读第一题:"请你仔细读完所有考题才动笔。"再齐读第二十题:"如果你已经读完所有试题,请只答第二题。"第二题即写上班级和姓名。学生一片哗然,惋惜声、后悔声,庆幸声交织在一起。等学生平静后印老师就开始现场采访:"老师宣布规则的时候,你怎么想的? 开始答卷时,你又有怎样的想法? 当老师宣布答案的时候,你又有怎样的感悟?"

这次出其不意的测试,调动了每个学生的情绪,他们不由自主地与试卷融汇在一起。经过简单的指导,学生投入了写作,不但乐在其中,而且感受真实可信,教师没有刻板指导的痛苦,学生没有无话可说的烦恼。两全其美,何乐而不为呢?

总之,生活处处有文章。我们的作文训练不能离开学生见闻的实际,更不能离开学生真切的生活。只要我们适时引导学生去观察,去捕捉,就会撷取到丰富多彩的习作素材,写出具有时代特色的优秀文章。

小学语文三年级学生作业分层案例
——分层写诗，人人都是小诗人

宋云飞

今天是新学期开学第一天，我准备教学第一课课文《信》，这是一首儿童诗歌。篇幅较长，内容丰富，特别是课文第2—5小节"替雏鸟给妈妈写""替花朵给蜜蜂写""替大海给小船写"等内容充满童趣、想象力以及真挚的情感。

学完这课后，我让学生尝试一下诗歌创作，选择自己喜欢的内容，模仿课文的样子，也来写一首诗。学生们听后面面相觑，面露难色，有几个轻声的在下面议论"那么长的诗，怎么模仿啊？""是啊，我只会写两句"。看着他们，我知道让刚刚二年级升三年级的学生来写诗，的确是为难他们了。看来不能按照平时的常规训练来要求他们完成这个作业了。为了使学生不惧怕写诗，我准备给每位学生发一张铅画纸。可是铅画纸的外轮廓方方的，太难看了。对了，为何不把他们的外形改变一下呢。于是我设计出星形、爱心的、树叶形的、打开的书本形状的、还有的是小汽车形的。我对同学们说："今天让你们选择自己喜欢的卡纸来完成作业。老师让你们来做小诗人。就把诗歌写在这些漂亮的卡纸上！"孩子们听后立刻兴奋起来，争先恐后地上台来选择自己所喜欢的铅画纸准备写诗了。看着他们一张张欢喜的笑脸，我想第一步成功了。诗人就是应该在愉快的心情下进行创作。给学生营造好轻松的写诗的氛围后，我继续引导学生喜欢哪一段诗，就试着学它写一写，注意想象要大胆，语言要精练，表达出自己的情感。并针对三年级学生的特点，在黑板上张贴出分层写诗训练的不同要求。

一、温 馨 提 示

（一）可以仿照你喜欢的诗，写一写，注意想象要大胆，语言要精练，表达出自己的情感。

（二）诗歌可长可短，一句两句或者是一段都可以。但是要注意分行、分节。

（三）可以仿写诗歌，也可以续写诗歌。

学生或大胆想象,或联系生活实际写出了一节节小诗,妙语连珠,异彩纷呈,看到孩子们创作的这一首首或短或长的诗后,我豁然精神大振:

替星星给星星写,
快闪烁你的光芒,
让我们变成璀璨的星空。

替自己给爸爸妈妈写,
别再吵架了,
我要一个平静的家。

替大地给白云写,
快快下雨,
干枯的大地需要雨水的滋润。

替学生给老师写,
愿我们成为朋友。
不再为完成作业而烦恼。

二、案例反思

在课堂教学中,作为教师的我已经注意到多方面地调动学生多感官参与学习,提高学生的学习积极性和学习效率。但是,对于作业练习,我却往往忽视了指导学生充分运用多感官,全方位、多角度地感知和认识事物,也很少想起鼓励不同层次的学生以丰富多彩的形式展现其学习、思考的结果,最终导致作业太简单,或者太难。不仅后进学生不会做,优秀学生个性也得不到发挥,而且思维潜力也得不到挖掘,难以由此获得可持续性发展的学习能力。所以我设计这样形式多样、多元分层化的写诗作业,这样既可以使学生掌握基础知识,又可以使学有余力的学生有所提高,从而达到照顾后进生和培养优生的目的,真正提高作业效能!

改变美术教学方法，激发学生绘画兴趣

——重视个性发展，求异创新美术

贺　宁

低年龄段的学生在美术表现方面充满了纯朴造型、绚丽色彩的能力。当下优越的美术教育，美术多元化特点逐渐在发展中提升；部分学生的美术作业变得拘谨，出现因"画不像"而产生"焦虑"情绪。在小学美术教育中，不应以写实为唯一要求，以采用装饰等不同风格，鼓励学生自信地去画自己的感受。《新课标》指出"学生的美术学习活动应当是一个生动活泼的，主动的和富有个性的过程"。苏霍姆林斯基说："学生带着一种高涨激动情绪从事学习和思考，对面前展现的真理感到惊奇，学生在学习中意识到智慧、意志的伟大，这就是学生的学习兴趣。"教师要达到激发学生的学习兴趣，引发求知欲目的，就必须设计生动活泼，丰富多彩的教学形式，采取引人入胜的教育方法。以下是我在贯彻《新课标》的实践中，激发学生学习美术兴趣的一些感悟。

一、了解学生心理发展的特点

小学生处于从幼儿期转入儿童期的阶段，是最具有儿童画特点的阶段。在教学过程中，我发现低年龄段的学生在握笔的掌握上存在一种因生理发育不成熟而产生的困难。在"剪剪我的小窗花"美术课，学生剪彩纸的实践中，因需要细致且巧用力气把彩纸剪成图形，结果学生做起来有些困难，由此可见低年龄段的学生还不能胜任细微而持久用力的任务。成人认为并不复杂的劳作，对这些小朋友犹如登天，过多要求小朋友完成这样的任务，势必会损伤其对学习的兴趣。

7岁的小学低年级学生，他们开始画自己心中喜欢的形象，多用"线"和简化的二维轮廓来造型，不注意事物之间的比例关系，例如大头小身子，人大于房子等。此时儿童喜欢选择不同颜色的笔来描绘不同事物，或在勾勒好的形象中涂上不同的色彩。到了9岁的儿童，此时他们处于成熟的符号期，他们的画仍然有概念化的倾向，重复画着所喜爱的事物,但在形象特征上已比较完整;比例大体正确,还能画出一定的细节,能较好地区别人物特征。9 岁左右,有的学生开始追求客观色彩的丰富性和复杂性。此时的儿童有典型的"童话式幻想心理",儿童的记忆画、想象画最具特点,有很强的陈述性。到了 11 岁时,这时的小学生对写实作品感兴趣,对儿童画表现出不满意,羡慕成人的作品;慢慢从记忆、想象转向对客观现实的描绘,具有现实主义倾向。他们情绪的稳定性逐步增强。他们开始关心学科内容及其广阔领域里的"是什么"和"为什么",开始运用一定的道德标准来评价人和事。责任感、义务感、友谊感、集体主义情感、爱国主义情感等有了新的发展,但仍具有直接性、具体性、模糊性。审美观念初步形成,他们在看画片、美术作品时,能注意其中人物和故事等内容,随之产生对美丑进行评价。因此,作为美术教师,在评定学生作品时,要如何培养学生的审美观念是相当重要的。

二、营造自主学习的环境

建立和谐的师生关系,师生互相尊重,在宽松的课堂环境中,学生会产生一种愉快、积极的情绪,会以饱满的热情面对学习。因此,教师要尊重、热爱、信赖每一个学生,让每个学生都感到自己是被重视的、被关注的。教师和蔼的态度、亲切的目光、真诚的信任和鼓励,是学生乐于学习的动力。美术教师要发自内心地爱学生,只有这样,学生才能快乐地学习成长。有一位校长说得好:"每位学生都是一轮初升的太阳,有的尽管现在还暗淡无光,只是一时被云雾遮住了,一旦冲出云雾就会光芒四射。"

三、培养美术情感

缺少美感,缺少情感魅力是当前小学美术教学实际中普遍存在的一个问题。美术不只是画画……事实上美术作为一门学科,也称造型艺术或视觉艺术,是作者为了表达自己的思想和情感或为了美化生活和环境,用一定物质材料和造型手段进行的创造性活动及其具有一定空间和审美价值作品,以此引发观者情感上的共鸣。所以作为美术教师,有必要充分重视学生的情感状态,使美术教学能达到理想的情感效应。

（一）赏析入情法

学习美术,首要任务是培养学生对美术的感受,要懂得欣赏美术,理解美术,教师要注重培养学生的视觉感知能力,要充分利用教学中的欣赏环节,拨动学生的心弦,使学生得到美的享受,让学生全身心融入美术作品之中。同时,要注意引导学生以审美的眼光去观察环境、事物和美术作品的形式。尤其对于低年级小朋友,能很好地欣赏作品,是激发学生学习美术的引入点。

美术教师在导入新课上下工夫,通过一段幽默有趣的视频,一段优美的音乐,一幅熟悉的作品;导入游戏、表演等,把学生的视觉和听觉充分调动起来,达到如临其境的地步。例如美术课"颜色真鲜艳",首先引导学生对色彩的认识,让学生感受不同强烈的颜色对比效应,调动学生的注意力,使受教育者通过亲身的情感体验,获得色彩知识。

（二）参与动情法

"通过各种艺术样式进行民族精神和生命教育,进一步提高文化素养,促进资优生健康成长,为学校培养艺术活动骨干,以典型带动面上的活动,注重实践,技能技巧为创编服务,全面提高学生的知识水平和能力,学会艺术化生存,迎接未来社会的挑战。"美术教学要尽可能地改变那种教师机械讲课,学生机械听的传统接受模式,应采取一些综合性的美术实践活动。例如美术课"我喜欢的玩具",让小朋友事先准备好喜欢的玩具,说说各自喜欢的玩具,在画一画玩具中陶冶学生的绘画赏识能力。

（三）创造传情法

德·佩勒斯认为"绘画的特性在于创造",并提出了"破格"理论,他说:"无论有多少规则,无论有多少名师杰作,你如果缺少天赋的精神光彩和天生的才能,你就无法创造艺术。"创造力是创造新颖的、高质量的、恰当的事物的能力。创造是低年龄段学生学习美术的一大突破。例如美术课"我喜欢的人物",为了能让学生创造更多的不同人物,在课上调动学生的想象力,由于学生的特点是争强好胜,渴求表现自己,激发他们的学习兴趣。以小组的形式实践,充分发挥他们的想象力,交流各种人物造型。美术教师出示作业欣赏,启发学生思维,让他们构思创作。学生创作中融入了自己丰富的情感,表达了对生活的热爱。

求知欲是小学生的一种最强烈的本能表现。美术作品本身就是各自独特新颖的创作。学生完成美术教学任务的方式、思路以及对问题的认识等,都可能表现出一定的创新性和创造性。美术教师应特别珍惜学生的创造性,美术课应是一次有意义的创造性活动,要鼓励欣赏学生有个性的作业,支持与众不同。敢于表扬标新立异的学生。评价作业时,不以像与不像为唯一标准,而看谁的作品不随大流,有独到之处,谁的作业就是好作业、成功的作业。美术教师应尊重学生这种特殊的个性表现,鼓励他们大胆表达自己的个性,去评价美术作品、发表新见解。保护学生的自尊心、潜移默化的审美个性,学生才会乐此不疲地学习。

四、运用多媒体技术激发美术兴趣

多媒体教学软件能够很好地将图片、音乐、录像、动画等不同形式的教学资料综合制成符合美术课堂教学内容要求的多媒体课件,使美术教学更加适应今天的文化环境。使用多媒体软件开阔学生眼界,培养学生的创新力,能够帮助教师将知识与技能、过程与方法、情感态度与价值观的教学提高到一个新的层次,促进教师在美术课堂教学改革,充分贯彻人文精神,全面体现素质教育。

实践证明,多媒体的运用使学生感到学习是一种享受、一种娱乐,对所学知识产生浓厚的兴趣,从而使学生想学、爱学。美术教师在课前可以准备视频、音频、文字、图像、动画等,然后根据每节课的不同情况安排使用,学生则可以按教师的引导搜集信息,可任意选择适合自己个性、兴趣的素材。学生的抽象思维要有一定的感性材料支持,利用多媒体辅助教学,提高教学质量。例如美术课"游动的鱼",通过多媒体让学生欣赏很多大自然的鱼,提高学生的欣赏能力,同时激发学生的学习兴趣,使课堂充满欢笑。

多媒体的运用打破了长期学生照样临摹和对事物写生的传统教学方式,用直观、生动、形象等特点,通过视、听等各方面将其鲜明的色彩、生动的形象、悦耳的声音传递给学生,增强学生的注意和兴趣,使学生在感知美、鉴赏美的同时,将基础知识的传授、基本技能训练和美术教学中的美育融为一体。随着美术课程改革的深入,拓展到自然、文化、社会、经济等领域,利用多媒体电脑系统的网络功能,就能在课堂中打破时间、空间和地域限制,快速获取美术教学资源,使师生在美的知识长河中畅游。

五、运用课外活动教学,激发学习兴趣

艺术与生活具有十分密切的关系,对生活中的美的体验,是人与生俱来的。小学生也能从生活中发现美,不同的生活环境和思想状况在其画面上反映出来。

(一)优化教学内容、联系学生生活

在教学中,教师要创造性地运用教材,利用美术教材,联系生活实际,学习知识。结合小学生的成长规律,自觉增加和补充与小学生生活紧密相关的以及小学生感兴趣的内容进行教学。

(二)优化教学活动,让学生投入生活

现代生活教育的本质是让学生真正成为生活和自我发展的主体。让学生多去参观画展,提高他们对美术的认识。对于低年龄段的学生来说,一定的课外活动能很好地培养他们的审美情趣和对美的认识。

六、增强学生的成功感

法国美学家杜波斯在他的著作《关于诗和画的批评意见》中说:"绘画的首要目的是感动我们。使我们感动的作品必定很出色。"美育是学校教育的重要组成部分,它的功能是其他学科不可替代的。所以必须要引导家长支持孩子学美术,在家长面前也要多鼓励孩子。"成功感"的增强会对其兴趣产生和保持起到促进作用。学生在求知欲望的基础上努力参与并取得技能进步时,其对成功的喜悦会引发对此项美术活动更加关心。苏霍姆林斯基指出:"只有在学习获得成功而产生鼓励的地方,才会出现学习兴趣。"因此,要想使学生产生美术兴趣,就必须设法使学生获得美术成功。让小朋友对美术更加充满乐趣,享受美术。

七、结　论

培养德、智、体、美、劳全面发展的人,兴趣在教学中起着重要的作用。著名教育

家杜威特别强调"教育要满足儿童的兴趣,强调直接经验的获得,并要求学校社会化"。这证明了我们教师的教学方法要不断地创新,不断地融入社会化的事物才能更好地促进学生身心的全面发展。作为美术教师,如何让学生学好美术,对美术产生浓厚兴趣,培养美术情感,并且通过美术教育,激发其内在潜力,是美术教师持久和永恒的目标。

参考文献

[1] 王大根.美术教学论[M].上海:华东师范大学出版社,2000.

[2] 朱智贤.儿童心理学[M],北京:人民教育出版社,1981.

[3] 陈发奎.学校艺术教育活动课程形态探析[M],上海:上海书画出版社,2011.

[4] Robert J. Sternberg, Wendy M. Williams.教育心理学[M].张厚粲,译.北京:中国轻工业出版社,2003.

[5] 朱志荣.中国审美理论[M].北京:北京师范大学出版社,2005.

[6] 杨身源.西方画论辑要[M].南京:江苏美术出版社,2010.

开展"我的梦,中国梦"主题教育活动

李　敏

一、活动主题

我的梦,中国梦。

二、活动背景

2012 年 11 月 29 日,习总书记把"中国梦"定义为"实现中华民族伟大复兴,就是中华民族近代以来最伟大梦想",而"中国梦"的核心目标也可以概括为"两个一百年"的目标,也就是:到 2021 年中国共产党成立 100 周年和 2049 年中华人民共和国成立 100 周年时,逐步并最终顺利实现中华民族的伟大复兴。"中国梦"是民族复兴之梦,也是在复兴过程中每个个体自我实现之梦,是中华民族面对未来之梦。为深入学习宣传贯彻党的十八大精神,引导学生学习理解习近平总书记对"中国梦"的深情阐述,为实现国家富强、民族复兴、人民幸福的伟大"中国梦"而发奋学习、不懈奋斗。为扩大和巩固教育成果、弘扬民族精神,切实加强学生的思想道德建设工作,推动"红领巾相约中国梦"主题教育活动的深入开展,从小培养学生们的梦想,鼓励学生们的创新和发现,尊重创新合作精神,帮助他们树立正确的人生观,所以开展了这次主题教育活动。

三、少先队员策划思路

队员们对"中国梦"这个关键词有着自己深刻的想法,也想为实现国家富强、民族复兴、人民幸福的伟大"中国梦"而从小学习做人、从小学习立志、从小学习创造。萌发了意愿后,小干部们进行了商讨,设计了"了解中国梦""感受中国梦""畅谈我的梦""种下我的梦"几个活动环节,帮助队员们了解自己的梦想,并为实现梦想做好准备。

四、活动主要内容、形式

1. 欣赏音乐,观看视频。
2. 对比图片、比较数据。
3. 展示才艺,播种梦想。
4. 小组讨论,交流体会。

五、活动主要做法、经过和特点

环节一:谈话导入——一曲秦瑶的《中国梦》拉开了少先队活动课"我的梦,中国梦"的帷幕。

环节二:了解中国梦——了解党的十八大、"两个一百年"目标的具体内容。

环节三:感受中国梦——通过一些数据的比较,全面了解祖国飞速发展的进程和伟大成就,感受祖国的巨变与中国梦息息相关。

环节四:畅谈我的梦——通过才艺展示、演讲等方式畅谈梦想并知道为之去奋斗。

环节五:种下我的梦——经过这一系列由浅入深的探究学习,孩子们已经有了自己的梦想,本着这一想法,我告诉孩子们写下自己的梦想,投入心愿瓶,并谈谈实现梦想要做好哪些准备。

环节六:情感升华,教师总结——为每一个有梦想,并且能为实现梦想付诸行动,拼搏努力的队员授予"梦想少年"奖章。

活动课之后,队员们表现出了极高的确立梦想、实现梦想的热情,统一了每个人都应该有自己的梦想,而且要努力去实现自己的梦想的思想,明确了明天要实现自己的梦想,今天就要努力学习、实践的做法。

具体行动如下:

行动一:认真思考,确立自己的真正梦想。

行动二:制订实现梦想的计划,努力按计划去实践。

六、思想性、先进性、少先队员自主性体现方式

在活动中充分发挥小干部们的作用,与他们进行了讨论,从队员们的角度去理解"中国梦",从队员们的实际出发,由大家共同讨论设计了"了解中国梦""感受中国梦""畅谈我的梦""种下我的梦"几个活动环节,在这些环节中让队员们确立自己的梦想,并为实现梦想做好准备。

七、创　新　点

把本次活动与少先队雏鹰争章活动结合起来,设计了"梦想少年"章,从队员们的身心发展规律出发,激发他们实现梦想的热情,并能向着梦想去努力实践。

八、少先队员真实反映和成效评估

原先,队员们认为梦想就应该是当科学家、宇航员等比较崇高的梦想,大家认为这些梦想离自己很远,是自己无法实现的。通过活动,让队员们了解梦想不分大小、不分贵贱,只要是对社会、对别人有贡献、有帮助的,都是值得尊敬的。在明确了梦想的真正意义后,队员们针对自己的兴趣、爱好,通过认真的思考,确立了自己的梦想,有的梦想成为舞蹈演员、有的梦想成为教师……

九、辅导员辅导思路

首先,引导学生学习理解习近平对"中国梦"的深情阐述,让队员们对"中国梦"有一个比较正确的认识。其次,深入到队员中去,了解他们对于梦想的真正想法,了解他们有些什么样的梦想。最后,针对队员们的实际情况,与队员们共同讨论制定活动的环节,在这些环节中引导队员确立自己的梦想,并能向着梦想去努力实践。

通过教与学的行动,探索学生创新能力培养模式

周明星

一、研究背景

提及创新,中国引以为豪的就是古代的四大发明(造纸术、印刷术、火药和指南针)。然而到了近现代,在创新的舞台上有关中国的身影越来越少见。不仅如此,我们当前还面临着西方发达国家在科学技术上占据垄断优势所带来的一系列压力。例如,越来越多的产品出口到世界各个国家,并享誉全球,但这些产品大多数不是源头创新(或没有专利),因此,在这些产品所获取的利润中有一定的比例需要作为专利费用来支付给国外企业。所谓的专利就是指:"一项发明创造的首创者所拥有的受保护的独享权益。"因此,创新应该引起足够的重视,它是一个国家所必须具备的能力,而一个国家的创新,最终还是要落实到"人",只有创新的人才,才会有创新的国家。

在这一背景下,国家在相当长的时期内出台了一系列推动创新的举措,例如,目前正在倡导的政策为"大众创业、万众创新"。研究者采用不同形式(如:顿悟、发散性思维、远距离联想、言语创新、图画创新以及艺术创新等)对创新思维的认知与神经机制进行了大量探索。这些工作的开展,为激发和培养个体创新能力提供了重要的科学依据。

在个体知识结构构建的过程中,小学阶段是十分关键的时期,其中,对创新能力的培养更是需要引起相关教育工作者的重视。那么该如何培养小学生的创新能力呢? 如何把实验室开展工作引入具体的教学实践中?

创新实验室,就是向学生进行科普知识宣传、进行科学实验、制作、发明、创造的场所。通过各种活动吸引学生到创新实验室开展科技实践活动,培养学生的动手操作能力和科学探究能力,从而进一步提高自身的科学素养,发展初步的科学探究能力,增强创新意识和实践能力。

本项目充分利用行动研究的形式,以实验室环境建设促进创新思维训练,把对学生创新能力的培养引入真实的教学情境中,通过教与学的行动探索出了小学生创新能力培养的有效模式。该项目对激发学生创新能力、探索新型的教学理念乃至教育理论与实践相结合方面,将会有极其重要的理论和现实意义。

二、国内外相关研究述评

近年来,如何培养和造就具有良好科学素养的一代新人已成为当今世界各国理科基础教育改革的一个重要目标,许多国家都将科学技术基本能力列为学生必须掌握的主要能力之一,认为通过实验教学不仅可以使学生获得科学知识和技能,而且有利于对学生进行科学方法的训练,培养学生的实践能力和创新精神,养成良好的科学态度和习惯。当下,世界各国理科教育改革呈现如下趋势:注重探究性实验,提高学生解决问题的能力;注重不同学科之间广泛的交叉、借鉴和融合;关注实验过程,注重掌握共同的科学方法,以锻造学生的核心科学素养;推进实验室配置的多样化,满足不同学生群体需要的发展。上海"二期课改"提出了基础型、拓展型、研(探)究型课程结构模式和三维教学目标要求,基础型课程有国家课程标准和统编教材,学校实施有依据;而拓展型、研(探)究型课程没有确定的国家教材,需要学校自主进行课程开发和实施。实践中,由于各种原因,多年来部分中小学拓展型、研(探)究型课程实施存在着课程内容不稳定和课程实施质量不高的问题。在日常教学过程中,教师往往较多地关注三维目标中知识技能目标的达成度,淡化了过程与方法、情感态度价值观。在深化课改的过程中,如何在教学过程中融合现代教育技术,注重学科整合,注重教学的实践性和体验性,从而提升学生科学素养?

2012年PISA基于计算机的问题解决测评结果显示,上海学生和其他国家(地区)数学、阅读和科学成绩相当的学生相比,在没有直接明确解决办法的情况下,理解并处理问题情境的能力和意愿的表现显著较低,创新能力和批判性思维能力有待提高。这一结果提示我们,在教学中的过多注重基础知识和基本技能要求,而对教学的体验性和实践性不够重视,造成学生解决问题的意愿和能力不足。如何发挥学生在学习过程中的主体作用,给学生提供更多实践性、开放性、探究性学习平台,从而增强学生解决问题的意愿,提高学生解决问题的能力?

2010年,为推动上海教育全面协调可持续发展,更好地满足人民群众对教育的需求,《上海市中长期教育改革和发展规划纲要(2010—2020)》提出:"加强研究性学习和实验实践环节,提高学生科学思维能力,培养激发学生的创新意识和实践能力",将"建设若干个区域性中小学生创新实验室和 50 所高中专题创新实验室"列入重点发展项目。

上海部分中小学校在推进课程改革实践中,基于校本课程实施,自主建设了一批不同于传统意义的"实验室"。这些实验室内容涉及生命科学、物理、化学、工程技术、地理、音乐、金融等诸多学科和领域,这些实验不同于学科的验证实验,没有统一的标准、规格和模式,呈现开放性、探究性特征。"营造创新教育实践环境、提升学生的创新精神和实践能力"是这些实验室的共同出发点,这些成功的范例昭示了一个简单的道理:用实验引导创新素养培育,具有充沛的教学活力。

创新实验室建设是在上海基础教育转型发展阶段,基于教育公平,满足学生个性发展需求的一种实践探索。它不同于以往以做验证性实验为主的学科教学实验室,而是为开发学生创新潜质,激发学生创新意愿,实施研究性学习的综合性实践平台,是上海基础教育营造创新教育环境、促进学生创新精神和实践能力,满足个性化学习需求的重要途径。目前上海已有近 800 个中小学校建设创新实验室,其中义务教育阶段学校覆盖率为 50%,高中阶段学校覆盖率达 75%。

随着科技的不断进步,教学载体的不断翻新,人们对科技教育的关注度也在不断提高。创新课程教学研究,自然就引起了国内外专业人士的高度重视。在国外,美国提出了 STEM 课程。STEM 的教学并不是简单地将科学、技术、工程、数学组合起来,而是要把学生学习到的零碎知识与机械过程转变成一个探究世界相互联系的不同侧面的过程。在国内,北京、上海、广州、江浙等地的学校开展科技教育时间早些,学生参与面广,成绩较为突出。我们要让大部分学生参与科技创新活动,并且获益,就必须努力去探索在以创新实验室为载体上的教与学的行动模式,建立创新课程教学研究,从而全面地提高学生的创新能力。

三、研 究 方 案

(一) 概念界定

目前关于创新能力较为一致的定义,是指个体所具备的一种能力,这一能力能够对已有的思维模式进行改变,打破当前的定式,进而产生新颖的(或原创的)产品(或观点),同时该产品还需具有实用价值(或适用性)。简言之,新颖性和可适用性当属于界定创新能力的关键核心。早在 1950 年,吉尔福特就指出,创造性思维(creative thinking)是人们创新能力的具体体现。因此,研究创造性思维,是激发和培养人们的创造性能力的突破口。

行动研究在诸多教学方法中显得较有优势。行动研究的核心是"行动",这里的行动不是一般意义上的行为,它是有目的、有理据、有监控、有反思的行为。具体而言,行动研究是一种系统的反思性的探究活动,需要在真实的情境中,教师针对教学中实际存在的问题进行研究,其目的是解决教学实践中存在的问题,并不断改进教学效果,归结到一点就是教学理论与教学实践同步发展。

创新实验室是为开发学生创新潜质,激发学生创新意愿,实施拓展性学习和研究性实践搭建的综合性实践平台,同时也是一种课程资源。基于课程的创新实验室建设可以成为学校深化课程改革新动力,在引领先进学校课程改革深化的同时,也能帮助原来相对薄弱的学校找到新的生长点,获得发展动力和活力,从而更好地促进区域教育水平优质均衡发展。当前我们处在以计算机与网络为代表的信息时代,信息更新快、容量大的时代特点决定了我们要将信息技术与课程教材进行创新性结合。我国学者李克东提出的"数字化学习环境"概念就比较侧重环境的物理成分,他认为这种学习环境具有信息显示多媒体化、信息传输网络化、信息处理智能化和教学环境虚拟化的特征,包括如下基本组成部分:

设施,如多媒体计算机、多媒体教室网络、校园网络、因特网等。

资源,为学习者提供的经数字化处理的多样化、可全球共享的学习材料和学习对象。

平台,向学习者展现的学习界面、实现网上教与学活动的软件系统(结合当前我市现代教育验收以及教育现代化的规划,是要将教育网建设成管理的平台、学校发展的平台、教师发展的平台和学生发展的平台)。

通信,实现远程协商讨论的保障。

工具,学习者进行知识建构、创造实践、解决问题的学习工具。

教学设备的质量与学生的学习、生活息息相关,营造有利于学生创新思维培养的教学环境,使学生打破常规的思维方式,用创新思维去思考问题。结合信息技术,创建现代化的创新实验室,完善环境与设备建设,为创造性培养提供先进的物质基础。

（二）研究目标

本项目拟在已开发的校本实验课程（GBB 快乐小实验）基础上，在创新实验室的环境建设的前提下，通过实验室情境对小学生进行思维训练，从而对创新能力培养的教与学展开系统的行动研究。具体而言：为培养学生创新能力而研究，在教与学的过程中进行研究，研究的主体以一线老师为主、教育管理者以及相关研究科研人员为辅。最终达到：在教育教学中为每个学生提供更多的实践体验与探究机会的思维训练，使学生思维的新颖性、独特性、流畅性、变通性等空间想象与推理能力、个性特征均得以较好地发展。

（三）研究内容

研究创新实验室软硬件设施建设和提高利用率上的有效措施。

研究创新实验室促进教师教和学生学功能及作用。

研究利用创新实验室培养学生创新能力的策略。

（四）研究方法

座谈法：根据已有的教学经验、搜集到的资料、实验性教学感受、观摩教学等进行座谈。

文献法：对与本课题有关的国内外资料进行查阅，搜集与本项目相关的各类实验材料。

测量法：通过创新思维题目或量表对学生创新思维能力进行评估。

实验法：通过控制一些无关变量（如年龄、性别、学习成绩等），比较不同教学方法、实验材料等对个体创新思维能力引发的效果力度。

行动研究法：把教与学渗透到座谈、文献、测量、讲座以及实验教学等形式中，力争在实际问题解决中探索学生创新能力培养模式的有效性。

四、研究过程

（一）学习与研讨

加强学校的创新实验室的环境与设备建设，激发学生的创新意识并促进对学生创造性思维的培养。要充分利用电影、电视、广播电台、多媒体、图书馆、板报、墙报等信息渠道扩大学生视野，引发学生求知欲望，构建应用多媒体网络环境的基础设施，采用共建共享的原则，也要体现创新思维，内容、方法要多层次，从理论学习到观念的建立和具体能力的培养。将创新实验与多媒体网络环境与设备的建设结合起来，以学生为中心，最大程度让学习者的创新思维得到激发。

一线教师、学校管理者、相关研究人员从各自角度，通过网络、书刊、学术数据库等搜集关于创新实验室和创新思维训练教学的相关资料，并进行汇报交流。

（二）调查与反思

由一线教师、学校管理者就实际教学过程中关于学生创新能力培养的现有教学资源、手段、模式等进行交流，并对其中存在的问题进行广泛探讨，并进行更为深入的座谈，有针对性地提出对创新实验室建设和创新思维训练教学上存在的问题。一线教师对小规模的学生（即实验室情境下）进行思维训练，在训练过程中，学生需互相交流心得体会、甚至反过来向老师提供建设性的想法。

（三）以"GBB 实验室"为场地，进行课堂教学实践

课题组精心制订课例研究计划，通过"计划—实施—观察—反思"的循环式行动研究，达成培养学生创新能力的研究目标。执教教师带着研究问题认真备课，精心设定教学目标，设计教学过程；听课教师认真听课，并积累过程实录及评价资料。课堂教学后，教师们集体说课和评课，具体关注：创新实验室对于教师的教和学生的学是否有促进的作用，学生在创新实验室这一环境中的动手实践与在一般教师环境中的区别，创新实验室能否促进学生创新能力的发展……教学过程和教学效果等进行评价，并撰写课例研究报告。

（四）全面总结

在课题深入研究的过程中，课题组逐步积累了大量课题研究过程性的资料，对此在整理的同时加以总结和提炼，形成研究成果，撰写研究报告。召开专家论证会，就本课题的研究成果及推广价值等加以鉴定，并完善结题报告，研究资料整理归档。

五、研 究 成 果

（一）从问卷调查结果的比较中体现教师与学生创新意识的提高

1 教师创造性教学行为调查结果

教师行为调查问卷概况：问卷选用三级评分体系，a 为所描述的情形很适合，b 为所描述的情形部分时候适合，c 为所描述的情形根本不可能适合。问卷得分越高，说明教师更接受创造性教学。其中总共回收问卷 24 份，男教师 2 人，女教师 22 人。最高分为 31 分，最低分为 28 分，总平均分为 30.38 分。（见下表）

教师行为调查问卷概况表

编 号	性 别	教 龄	任教学科	任教年级	总 分
1	女	21	语文	五年级	30
2	女	15	数学	四年级	31
3	女	17	数学	一年级	30
4	女	24	语文	四年级	31
5	男	16	美术	四年级	31
6	女	27	自然常识	四年级	28
7	女	27	自然常识	二年级	32
8	女	21	音乐	四年级	29
9	女	21	语文	一年级	31
10	女	9	语文	四年级	30
11	女	12	语文	三年级	30

（续表）

编 号	性 别	教 龄	任教学科	任教年级	总 分
12	男	15	信息技术	四年级	30
13	女	16	体育	四年级	31
14	女	14	体育	四年级	32
15	女	18	音乐	五年级	31
16	女	14	音乐	二年级	30
17	女	4	语文	二年级	30
18	女	28	语文	三年级	30
19	女	17	劳技	四年级	31
20	女	27	数学	三年级	31
21	女	13	数学	五年级	30
22	女	25	美术	二年级	29
23	女	17	品德与社会	四年级	30
24	女	32	品德与社会	一年级	31

平均成绩

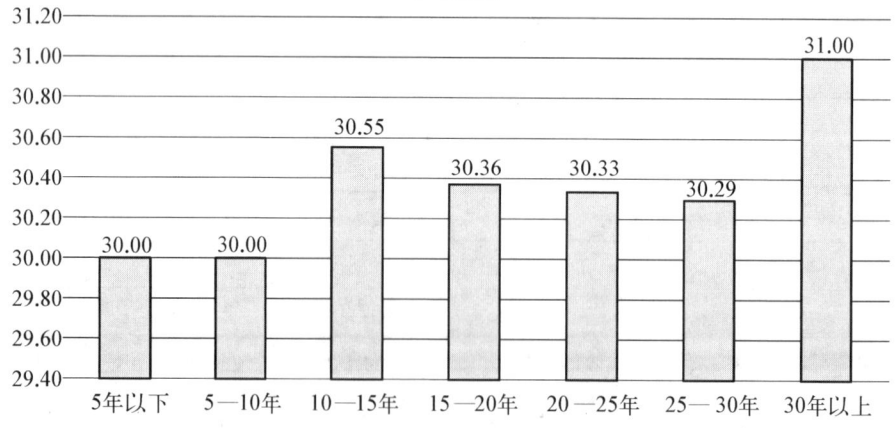

教师创造性教学行为比较（不同教龄）

注："5 年以下"为不含 5 年；"5—10 年"为含 5 年不含 10 年；……；"25—30 年"为含 25 年不含 30 年；"30 年以上"为含 30 年。

上图结果表明,教师的创造性教学行为与其教龄关联性不大。说明教师的创造性教学行为不受教龄影响,每个教师都可以进行创造性教学探索。

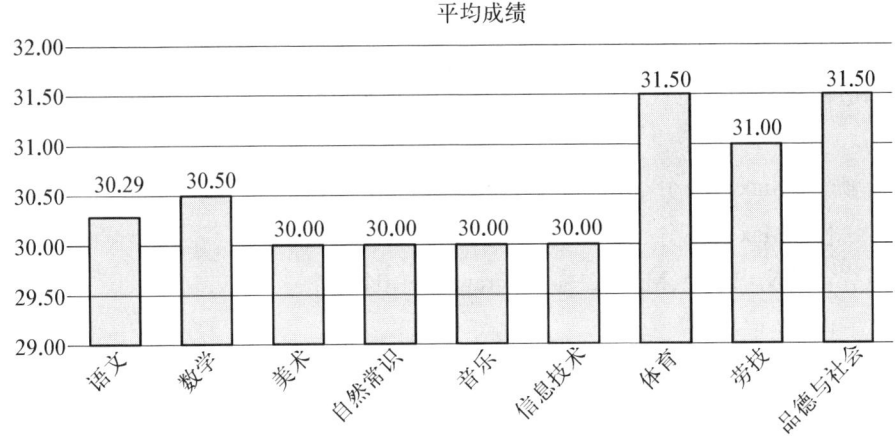

教师创造性教学行为比较(不同任教学科)

上图结果表明,体育、劳技、品德与社会学科教师的创造性教学更为突出。而语文、数学、美术、音乐与信息技术等学科教师的创造性较低。说明教师之间的创造性不平衡,且在学科间也存在较大差异。

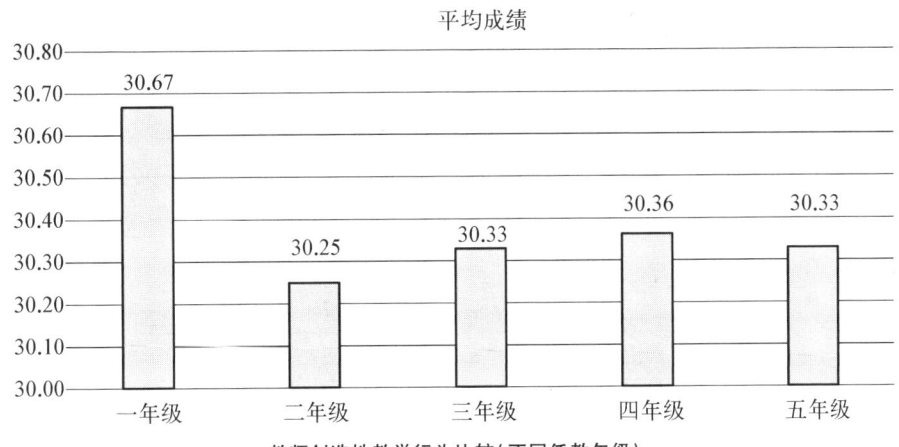

教师创造性教学行为比较(不同任教年级)

上图结果表明,一年级教师的创造性教学更为明显,说明教师的创造性教学随着年级的增长而下降,教师教学不应在学生年级越高而创造性越低,无论在哪个年级,都要保持创造性教学,这样才有助于学生的创造性思维的不断发展。

2 学生创造性思维能力问卷

(1)前测

前测实收数据23份,流畅性是由被试答出的数量决定的,数量越多,得分越高,说明创造性思维的流畅性更好;准确性是由答对字谜题的数量决定的,答对越多,得分越高。

流畅性:Max = 12 分,Min = 1 分,Average = 5.26 分;

准确性:Max = 10 分,Min = 1 分,Average = 5.78 分;

总分:Max = 19 分,Min = 2 分,Average = 11.04 分。

(2)中测

中测实收数据23份,流畅性是由被试答出的数量决定的,数量越多,得分越高,说明创造性思维的流畅性更好;准确性是由答对字谜题的数量决定的,答对越多,得分越高。

流畅性:Max = 17 分,Min = 4 分,Average = 8.48 分;

准确性:Max = 10 分,Min = 5 分,Average = 7.26 分;

总分:Max = 26 分,Min = 10 分,Average = 15.74 分。

(3)比较

将前测和中测的数据进行统计分析,使用"成对双样本 t -检验",此 t -检验并不假设两个总体的方差是相等的。

学生创造性思维能力前中测 t 检验表

	流畅性	准确性	总　分
前测	5.26	5.78	11.04
中测	8.48	7.26	15.74
t	6.84	5.27	7.89
p	<0.01	<0.01	<0.01

由上表数据可知,被试的流畅性、准确性和总分三项的前测和中测差异显著,p 值均小于 0.01。

前侧和中测期间,我们对学生有针对性地进行了创造性思维的培养。结果显示,学生的成绩均得到了提高。

（二）创新实验室为学生的创新实践提供了环境支持

当学生有了奇思妙想，有了创意，作为创新实验室，就要尽量满足学生要求，尽最大的努力给学生创新实践活动提供软硬件环境的支撑，让他们不仅从书本上学习知识，还能在这片新天地里通过动手动脑锻炼能力。

案例1：

吸 管 乐 器

以第一学期GBB科学小实验课程"吸管乐器"和第二学期课程"有趣的线绳电话"为例。在学习"吸管乐器"时，学生通过上网查找实验视频明确了声音产生的条件：声源、振动和介质。在吸管乐器的制作过程中，学生理清了吸管乐器声音的传递主要靠空气的振动。本学期"有趣的线绳电话"所涉及的科学知识也是和声音的振动有关。但3个实验环节所用的传播介质不同：线绳、气球和铁丝。

在新课导入阶段，利用学生在"吸管乐器"中查找到的视频作为一个环境刺激点，设计问题"这三个实验视频和哪堂课的学习有关?"。学生迅速将视频的主要内容进行提炼，与在"吸管乐器"课堂上建立的兴奋点"振动"嫁接，最终将思维定位在和"声音"有关的学习内容上。于是，展示墙上的作品"吸管乐器"便进入了学生的眼帘。此处利用曾经的学习资料对大脑进行思维刺激，营造静心和思维的氛围，鼓励用冥想的方法搜寻经历和记忆，并在知识内容建立的平台上构建起知识的迁移桥梁，即培养联想思维中寻找"相似性"的能力。对于记忆兴奋点不清晰的学生，教师通过眼神和语言提示："看看上学期同学们的作品，想想那堂课我们学习了什么?"学生经过提示和训练后，均能迅速定位至"吸管乐器"。

通过问题"在那堂课上我们收获了什么?"刺激学生从作品到经历的回忆，从结果到过程的反思。学生通过成品刺激，可迅速找到兴奋点切入前期课程的过程经历中，搜寻知识形成的过程，并提炼出经历过程后所得的结论，即：声音是靠振动产生的，"吸管乐器"是靠空气的振动发声的。在特定环境中，给予学生时间、引导和思维刺激，帮助其在大脑中产生经历过程的复现，思维兴奋点的聚拢和学习意义的定位，从而逐渐培养学生理清事物"因果关系"的能力，并将这种因果关系的逻辑组织运用到其他事物的学习过程中去，这是形成聚拢型思维的逻辑起点。苏霍姆林斯基说："在人的心灵深处,有一种根深蒂固的需求,那就是希望自己是一个研究者、探索者、发现者,而在儿童的精神世界中,这种需要特别强烈。"让世界对我们来说"说得通",能够解释发生在自己身上的事情,是每个人天生的需要。在经历定位、搜寻、反思和归纳的过程中,总结经验,形成策略,并将之运用到未来的事件中,是人类本能的处理方式。

案例 2:

有趣的线绳电话

在新的经历——"有趣的线绳电话"探究过程中,学生通过类比线绳、气球和铁丝3 种不同的传播介质,对声音的传播过程进行了梳理,明白了不同的介质会将同样的声源还原出不同的表达结果。通过问题"线绳电话与吸管乐器传播声音的介质是否一样?"激发学生将 4 种介质放在一起进行类比,梳理之间的关系,比较其不同点,完善知识体系,刷新世界观。关系冥想法是将事件中的一个点与另一事件中的一个点进行逻辑嫁接,寻求两个点之间的逻辑关系,找到共通点和区别点。寻找不同事物之间的关系,尝试建立关系的平衡点,即是人类形成逻辑的过程。而因人而异的逻辑处理,又会形成独特的个人认知世界的方式,最终产生不同解读世界的结果,即产生了独创性。此处针对低学龄的孩子,设计的逻辑衍生点是普遍人群选择的整理平台,在这种普及性的平台下,训练孩子寻找关系的熟练度和灵敏度。同时,又留下 3~5 分钟的冥想空白,允许孩子提出一些特殊的关系,进行关系的冥想。比如:有孩子提出"现在的通信设备都是无线的,声音是通过空气传播的吗?"他将两节课的关系衍生了出去,寻求课程与生活之间的关系,大脑中对无线电话和线绳电话声音传播介质进行了类比,提出了一个关系问题,即无线电话的传播介质是什么? 而且他潜意识已经将空气这个介质摒弃了,因为"既然空气是传播的媒介,那么还需要电话干什么,我们完全可以隔空喊话。"这是课堂设计外的兴奋点,是教学过程中产生的财富,是学生发散性思维的表现。但前提是:我们课程中要将这些关系进行预处理,使之嫁接的过程可以去中心化,扁平化,以及无设定化。

课程的跨界整合,纵横交错,经环境潜移默化地熏陶后,学生能够寻找更多的大脑兴奋点,在课程完善的过程中,积累每一届学生的反馈点,梳理问题的方向性,形成系统的思维激发模式,是一种可持续发展和可复制的课程尝试。人类的大脑是我们最大的财富,用冥想法发展学生联想式创新思维,对于其后的类比思维、发散思维和聚拢思维具有阶梯式的意义。

（三）创新实验室为学生的创新实践提供了技术支持

近年来,学校全面升级了创新实验室的各种设备,建立了科技活动室,科技展览室,更新了科普宣传橱窗,把死板无趣的实验室改良成学生可以张扬个性、激发兴趣、放飞梦想的创新实践平台。创新实验室鼓励学生自主选择、自行设计,充分探索和体验创新的乐趣,挑战自我,敢于面对难题。

古人云:"学起于思,思起于疑。"科学创新,贵在质疑,创新往往是从"质疑"开始。因此,要培养学生"一题多解"和"求异"的思维能力,鼓励学生敢于奇思妙想,别出心裁,从不同角度发现新问题,探索新方法,尤其要鼓励学生不满足已有的结论,不相信唯一正确的解释,不迷信权威的仲裁,激发学生探索、创新的欲望。

案例1:

不可思议的平衡

案例背景

本学科的对象为中高年级小学生,他们有一定的常识底蕴,通过生活和兴趣等不同突进已经掌握了一定的科学知识,但是知识和生活的联系还不够紧密。通过理科手工实验课程,从学生所熟悉的事物入手,由学生的定向思维出发,再扩展他们的认知,加深学生的课堂印象,也就是将一些生活中遇到的事物的原理与科学相联系,让学生从生活中发现科学,从科学中体验生活,做到真正地将科学融入生活,服务生活。

所举案例为"不可思议的平衡"一课,课程实验分为了解重心、寻找重心、发现不可思议的平衡三部分。先通过实验掌握何谓重心,要求学生了解重心是质量分散最均匀的一点,而不是物体的中间位置。再通过老师教学生找重心的方法让学生再次深刻理解重心与质量的关系。最后通过制作蜻蜓和笔架,直观感受平衡的不可思议。

事件描述

作为教师要更新教学观念、思路、方法,教材的选择、切入点以及活动的范围、层次都要考虑学生的年龄特点,注意循序渐进,应该从小到大,活动要从简单到复杂,要求从低到高,要有一个逐步深入的过程。"不可思议的平衡"主题的探究目标是观看图片与视频,知道物体是有重心的;通过游戏、观察、讨论、实验、记录等活动了解到平衡的关键是找到物体的重心,学习寻找物体重心的方法;同伴间互相交流、合作,感受科学的奇妙,激发对科学的兴趣,乐于探究生活中的科学。

探究重点

寻找规则物体和不规则物体的重心，了解重心分布的规律。

探究难点

学习复杂物体找重心的方法。

本主题通过 3 个阶段实验，由浅入深，层层递进，引导学生学习寻找物体的重心的方法，了解重心分布的规律。教师则始终处在"导"的位置，让学生积极参与、敢于尝试，学生哪怕是有一些误差，也是可取的。课程的第一阶段是导入实验，寻找规则物体的重心。

首先教师请学生观看一组生活中关于平衡的图片和视频，学生从生活中感知，物体是有重心的，平衡的关键就是找到物体的重心。然后请学生进行实验操作，请学生拿出长方形小木板和塑料管，找一找它们的重心在哪里？学生有生活的经历，用画对角线、丈量、双手平托物体平移等方法很快地找到重心，长方形小木板的重心在对角线的交点上，塑料管的重心在它的中间，并总结出规则物体的重心就是它的几何中心，我提醒学生把结论在实验报告上记录下来。

教师要运用有深度的语言创设情境，激励学生打破自己的思维定式，要不断鼓励学生好问、敢问，允许学生说错、做错；鼓励学生发表不同的见解。然后进行第二阶段的小实验，寻找不规则物体的重心。请学生在塑料管的一端粘上一块橡皮泥后寻找重心位置，学生通过自己研究，与伙伴讨论、互相观察等方式找到重心，并观察到重心的位置向粘有橡皮泥的一端偏移，从而总结出不规则的物体的重心位置会发生偏移的结论。同时也迁移到身边的物品，如笔、伞等。

教师要让学生从学习的成就中体验出快乐，又要让学生保持好奇心。本来好奇心是与生俱有的，但是随着年龄的增长，好奇心反而减弱。究其原因，无非是现在的教育教学方法，急于给予孩子最终的答案和结果，而使他们缺失了寻求答案，解决问题的过程。我们不能扼杀了他们的好奇心，要让学生带着好奇去寻求新知。紧接着进行第三阶段的探究实验，也就是寻找复杂物体的重心。

接着，教师出示了一张"蜻蜓"的立体图片，给学生四个位置，A、B、C、D 哪一个位置是蜻蜓的重心。学生通过讨论，一致认为 C 点是蜻蜓的重心，还用了充分的理由来说明。没有马上给出答案，而是让学生自己去验证。学生们通过反复尝试，发现蜻蜓的重心竟然在他们认为最不可能的 B 点（嘴上）时，都瞪大了眼睛，张大了嘴，感到不可思议。通过观察，大家还得出物体重心的位置还与物体的立体形状有关。

　　教师要尽可能地营造创新氛围,在时间上保证学生有思考余地,给他们更多的独立与自由的机会。这一过程是运用思维的过程,尽管有时是重复前人做过的实验,但是对于学生来说却是全新的,有着再创造的因素。在学生手脑并用的过程中,会激发出学生的思维火花,帮助学生变换思维方式,注重知识迁移,激发创新意识。顺着孩子们激动、惊奇的劲儿,教师又出示一个立体图形——纸笔架,要求孩子们把纸笔架站立在桌面上。孩子们捣鼓了半天,一致回答:"老师,这是一个不可能完成的任务。"于是教师又增加了"铅笔"道具,再次请学生尝试,学生兴趣又被调动了出来,大家不停地摆弄着铅笔和纸笔架,经过不断地调试,有那么一个孩子成功地让笔架站立起来,没有成功的孩子们彻底惊呆了,纷纷大叫"怎么会这样?"然后又继续尝试。一个、两个……越来越多的孩子获得了成功,孩子们发现铅笔的位置能帮助纸笔架站立,都兴奋不已,完全体会到了创造奇迹的欣喜,还不断地问教师,这是为什么? 于是教师进一步启发学生分辨这个平衡的纸笔架的重心处在什么位置,为何原来无法直立的纸笔架在插上铅笔之后就可以平衡。集学生的生活经验、猜想、课内外知识等于一体,学生总结出物体的重心也会偏移到物体之外。至此,教师发现孩子们已经不需要提醒,赶紧记录在报告上。寻找纸笔架重心的过程,是科学兴趣、科学态度和科学思想形成的过程。因此,科学探究活动的有效展开对于实现培养科学素养的目标至关重要。

　　学生完成三个阶段的实验探索后,能自己回顾总结出物体重心的规律,并完善实验报告。在填写实验感想时,孩子们还能联系生活实际,迸发出思维的火花。例如:他们会写到哥哥右手提着装满水的水桶上楼时,身体会向左边倾斜;搬重物时人的身体会向反方向倾斜……通过探究活动,使学生亲身经历科学知识与科学过程和方法的相互作用。学生的思维从课内扩展到课外,从校内扩展到校外,在真正掌握科学知识、科学过程与方法的同时,真正理解科学的本质与价值。同时激发学生探究新知、学习的兴趣。

分析与反思

　　"不可思议的平衡"这节课的设计主要是从学生所熟悉的事物入手,四年级学生有一定的生活经验,但认识基本上是浅显的。我们用 3 个实验将一些生活中的常见现象与科学相联系,学生们在看一看、玩一玩、说一说、想一想、做一做、写一写等探究活动中,围绕"平衡"问题,自主地进行实验操作,观察现象,分析结果,不但从中发现科学概念或原理,还能用科学规范的语言表达出来,初步养成了科学探究的习惯,这在他们的实验报告中均得以体现。他们也会在课后乐滋滋地告诉老师找到了胡萝卜等物体的重心，也常常会看到他们分享实验过程、实验成果……他们俨然成为一个个"小小科普员"。

在学生开展探究的过程中，教师把创新实验室这一主阵地还给学生，安排了更多学生融入实验室的时间，教师的介入和指导是为了引导学生对观察到的现象、探究中遇到的困难，进行深入思考，而不是代替他们思考，把结论直接告诉学生。教师成为探究活动的组织者、引领者，而创新实验室的环境，则成了学生亲密的伙伴和共同的学习者，可以和学生共同成长。

六、研 究 成 效

从研究结果可以看出，教师创造性教学不受教龄影响，并且每个教师之间可以针对创造性教学进行教学研讨，以此来促进各个教师的创造性教学。另外，在对学生进行创造性思维培养过程中，学生的创造性思维得到显著的提高，因此，创新实验室对学生的情境教学，有助于学生的创造性思维的培养。这也使教育不仅为了满足社会需求，而要更加关注孩子的终身发展需要，以"人"作为教育教学的出发点，顺应人的禀赋，提升人的潜能，完整而全面地关照人的发展，最大可能地激发学生的创造性思维。在实验教学中注重使学生养成良好的实验习惯，树立正确的科学研究态度，包括正确使用仪器、规范实验操作、认真观察并记录实验现象、如实完成实验报告、遵守实验室规则、注意节约(药品)和实验安全等。

我们通过研究发现创新实验室的环境与设备对学生的创造性思维培养产生影响，为此，学校在环境与设备建设上更加重视，努力做到具有"以人为本"鲜明特征的教育回归，最大程度上使创新实验室与课程相匹配，能提供学生自主发展的时间与空间，在实践中形成健康的特色发展的学业基础。这也是上海基础教育营造创新教育环境、促进学生创新精神和实践能力，落实《上海市中长期教育改革和发展规划纲要》和《上海市教育综合改革方案》，推动本市基础教育的环境建设的重要措施。

创新实验室环境建设充分满足了学生实验探究的需要，为"学、思、行"的有机融合提供了便利的物质条件，提高了学生接受知识的学习传承环节和实验探究环节之间衔接、转化的效率。新形势下上海教育装备应注重新技术与教育教学深度融合，注重教育环境建设助推课程改革，注重把教育技术装备成为课程资源，服务学生发展。

在创新实验室提供的创新实践场所中,学生围绕自己所感兴趣的问题,在校本课程资源支持下,采用一定的研究方法,运用先进的仪器设备开展探究性的活动。在学生创新活动的整个过程中,由具有创新素养的教师对其进行引导,学生则处于主动学习的状态,通过加强课程整体育人功能,通过具有学科综合特征的研究性学习,激发学生创新意愿,提高其社会适应能力和综合创新能力。

七、对本研究的反思与展望

本研究虽然对于创新实验室的实验进行得较顺利,也得到相应的研究结果,但研究仍存在一些问题,且将创新培养实验进行推广也需要较长的一段时间。首先,创新实验室建设仍缺乏长效管理机制。创新实验室工作质量与办学理念、课程建设、硬件配置、经费保障等相关,目前本市仍缺乏完善科学的评价管理机制作为保障,不利于学校主动、积极、持续开展创新实验室建设工作,缺乏有效的评价管理机制,也制约了创新实验室建设先进经验的有效辐射和引领。其次,创新实验室课程建设和实施的操作性、开放性、发展性等特征还没有得到完全充分的彰显。再次,本次研究中,学校和教师还未发挥出最大的能动性,关键在于要让学校及教师意识到创造性教学的重要性与培养学生的创造性思维的必要性。

对于未来学生的创造性思维的培养,希望以后能针对这个项目多进行教师跨校、跨省,甚至是跨国的交流与学习。另外,可以在学校环境与设备建设上,更加全面与完备,不仅在课堂上,校园的整体环境设备都可以为培养学生创造性思维而加强建设。

参考文献

[1] 付艳霞.中学语文合作学习有效性的行动研究[D].西宁:青海师范大学,2011.

[2] 黄芳.大学生批判性思维能力培养方式实践探索[D].上海:上海外国语大学,2013.

[3] 罗俊龙.创造性思维中原型启发促发顿悟的神经机制[D].重庆:西南大学,2012.

[4] 邱江.顿悟问题解决中原型激活的认知神经机制[D].重庆:西南大学,2007.

[5] 田凤俊.教育行动研究与外语教学创新[J].外语教学,2013,24(6):63-67.

[6] 吴真真.顿悟过程的原型启发机制[D].重庆:西南大学,2010.

[7] FINK A, GRABNER R H, GEBAUER D, et al. Enhancing creativity by means of cognitive

Stimulation：Evidence from an fMRI study［J］. NeuroImage，2010，52(4)：1687−1695.

［8］ GUILFORD J P. Creativity［J］. American Psychologist，1950，5：444−454.

［9］ STERNBERG R J, LUBART T I. Investing in creativity［J］. American Psychologist，1996，51(7)：677−688.

［10］ 秦惠洁,刘建民.实验教学培养创新人才的实践与建议[J].实验室研究与探索,2000, 19(5)：11−14.

小实验成就大梦想

——"GBB 快乐小实验"课程案例

金 珏

一、课程实施背景

为了每一个学生的终身发展,上海市《中长期教育改革和发展规划纲要》提出了"使所有学生的个性特长得到发展,潜能得到激发,创新意识、创新精神和实践能力显著增强"。在具体实施方面,纲要则建议"加强科学技术教育,把发展学生兴趣特长贯穿课程教学全过程"。因此,这就要求我们在教育教学中为每个学生提供更多的实践体验与探究的机会,激发学生学习科学知识的兴趣和好奇心,从而培养学生科学精神、创新意识和科学实践能力。

我校 60%的学生是进城务工人员子女,他们对科学充满了好奇,但由于受到家庭条件等客观因素的限制,参加科学实践活动的机会较少,普遍存在着动手实践能力相对较弱,创新精神缺乏的现象。结合这一校情、生情,我们在办学过程中,确立了"自信乐学,差异发展"的课程理念,并在此基础上开发了"GBB 快乐小实验"校本课程。

二、GBB 快乐小实验——校本课程介绍

(一)课程名称

GBB 快乐小实验,其中有两层含义。从字母上理解,G——Getting Moving(乐于实践);B——Brain Boost(思维碰撞);B——Blaze Future(闪耀未来)。另外 GBB 还寓意为 Gu Bei Best,我们希望通过课程的实施,为古北的每一位学生创造最美好的未来。

(二)课程目标

通过"GBB 快乐小实验"校本课程的设计与实施,丰富我校课程资源,开展基于

科学实验的体验型综合教育。让学生充分发挥主动性,体验科学研究的过程,经历探究过程,参与观察、思考、讨论,激发学生对科学事物的兴趣,引导学生理解基本的科学知识,掌握科学技能,初步养成科学探究的习惯,培养创新意识和实践能力,为他们的终身发展奠定基础。

（三）课程实施

我校的校本课程实施是以教师开发教学资源—课程发布—学生选课—组织实施—学校考核为基本模式。"GBB 快乐小实验"校本课程在实施方面呈现出了以下亮点。

1 课程管理

学校成立 GBB 课程项目领导小组,由校长主管,教导分管,科技总辅导员等共同参与课程管理。从学校实际出发,完善与之相配套的各项制度,引领课程的开发工作,定期对教师的课程教学设计进行检查指导,定期对课程的课堂教学情况进行巡视督查,对教师备课,学生到位,课堂常规,资源利用等情况进行督导,加强了对课程实施的整体化管理,客观评估课程的教学工作。

开发教师负责制定科目方案,课时计划,编写教材与教案,并装订成册,设计印制了校本课程评价表、考勤表等,还根据课程实际,选用选编音频视频等教学资料,丰富了课程教材和教学资源,确保科目方案得以落实到位。

2 组织形式

结合长宁区快乐拓展日课程活动,每周三下午第一、二节课。学生根据自己的兴趣,自主选择。学段内实行走班制,鼓励部分学有特长的学生跨学段走班。教学中,配备活动材料与资源包,学生根据教材与任务单,选择相应的材料,自助探究。让亲身经历探究活动成为学生学习的主要途径,促进学生学习方式的多样化,为学生提供良好的科技学习的空间和氛围。评价中关注学生创造力发展的过程,关注个体发展的差异。

3 课程内容

"快乐小实验"课程教学内容借鉴日本等科技发达国家的先进、成熟的教育资源,以小学生的兴趣和经验为基础,将深奥的科学知识与生活中的常见现象和应用联系起来,包含数学、物理、化学、生物、劳技、美术、音乐等多学科活动,引导学生"自己来做趣味性及生活化的实验""自己来操作正规的实验器具"。教学内容中除了用准确的语言表述科学概念,还积极体现情感、态度与价值观等方面的教育要求,让学生在完成实验研究活动的同时,能观察和了解生活中的科技现象以及科学技术在日常生活中的广泛应用。为学生提供更多的动手机会和思维空间,激发学生对科学的兴趣,体验科学与生活的密切关系;培养学生学科学、用科学,用心去探究科学的能力。

4 环境布置

在开展课程的实验室中,增添开展实践探究活动的工具和相关的阅览刊物与教学资源,墙面悬挂宣传标语与科技图片等,在实验室里摆放实物、模型,展览学生的作品等,营造浓厚的科学学习氛围,树立学生的自信心,激发学生的创造力。使科学实验室不但成为学生进行探究与创造活动的重要阵地;而且还成为传播科学知识、科学思想、科学方法与科技文明的科普传播教育阵地。

下面,通过"不可思议的平衡"一课,我们首先直观感受一下"GBB 快乐小实验"。

三、课程实践案例——不可思议的平衡

平衡作为一种自然现象在生活中随处可见,如儿童乐园中的跷跷板,孩子们手中的不倒翁,杂技表演中的走钢丝等,但也有一些在学生看来是不可思议的,如杂技中的顶碗、日本平衡大师表演的羽毛与棕榈枝……经过这一单元主题的探究,学生们将了解并体验平衡的奇妙,感受科学的奥秘,激发兴趣。

(一) 教学过程

1 导入新课

出示走钢丝、不倒翁的图片和日本平衡大师表演羽毛平衡的视频,当学生看到视频后,顿时激发出学习的积极性,热烈地讨论,得出当物体的平衡点处在支点上的时候,物体可以靠该支点处于平衡位置。

接着用两个简单的小实验请学生把身边的书本和长塑料管用一个手指使它平衡,学生们用自己的食指一点一点去尝试,很快找到平衡点,而且得到规律,如书本的长方形物品的平衡点就在对角线的交接点(中心点),长塑料管的平衡点是中点位置。

更进一步,请学生在水笔上找平衡点,学生们再次小心翼翼地用手指去尝试,很快又找到了平衡点,发现平衡点的位置朝有笔盖的一端偏移了,由此得出结论物体的平衡点不是全部在物品的中心,也会发生偏移。在这一过程中,同学们学习到在物体

重量不平衡时,可以用托住物体,双手同时匀速向中间移动,当手指相遇时,物体的平衡点就找到了。

2 探究平衡点,体会平衡

在学生认为自己已经学会了找平衡点的方法时,教师又出示了蜻蜓的立体图,请学生猜猜到底蜻蜓的平衡点在哪里呢? 在蜻蜓的头部、身体、翅膀和尾巴分别标记A、B、C、D,让学生进行选择,在进行实验之前作出猜测,填写实验报告。学生的猜测涵盖了给他们的 A、C、D 三个平衡点,每个人都能说出一堆的理由。在剪完蜻蜓后,通过实践操作,大多数学生马上发现自己所选择的平衡点完全不对,平衡点恰恰是在大家都否认的 B 点上,孩子们发现平衡点位置也可能与物体的立体形状有关。

最后一个探究实验,就完全让学生有体验成功、创造奇迹的神奇感觉了。在笔架中插入一支铅笔,使笔架稳稳地站立在课桌上。学生们一看到这个探究,马上觉得自己完全不可能去完成,但是又急迫地想证明自己也是能创造出奇迹的,纷纷尝试,在不断调整铅笔的位置后,一个、两个……都成功了,成功的喜悦之后,学生们想弄明白,插入铅笔后的笔架的平衡点到底在哪里? 简单的图解告诉学生,平衡点也可以发生迁移,出现在物体之外,学生们感叹科学的奇妙。

3 回顾欣赏

学生们回顾整个过程,得出物体平衡点的3个结论:平衡点的位置与物体的形状大小和质量分布有关;平衡点位置也可能与物体的立体形状有关;平衡点位置也可能不处于物体上,而在物体之外。当孩子们最后完成实验报告,再次观看日本平衡大师的绝技时,不光流露出崇拜的眼神,同时也不断去寻找羽毛与棕榈枝之间的平衡点。

(二) 教学分析

1 内容简析

本课设定为了解平衡点、寻找平衡点、发现不可思议的平衡三部分,由不倒翁等学生常见的物品入手,帮助学生先掌握好关于平衡点的问题,通过实验,学生可以了解到平衡点并不一定处于物体的中间位置,它的确定要根据物体质量的分布来判断的。而只有通过确定平衡点的位置,才能将物体处于完全平衡的位置。通过蜻蜓和笔架的实验能帮助学生理解这种平衡的奇妙之处。

2 活动目标的设计

(1) 知识目标:了解物体平衡点;学习寻找平衡点的方法,了解物体的平衡点与物体的质量分布有关;掌握物体的平衡点不一定在物体内部,可能会处于物体的外面。

(2)能力目标:通过探究平衡点位置的整个过程,知道探究的步骤、所涉及的主要活动,理解科学探究的基本特征,培养学生的动手能力;能在已有知识、经验和现有信息的基础上,通过简单的思维加工,做出自己的解释或结论。

(3)情感目标:通过学习物体的平衡,了解生活中一些自然规律的问题,乐于探究与发现周围事物奥秘的欲望。帮助学生发掘生活中的科学。

(4)教学重点:通过实验,掌握寻找规则物体和不规则物体的平衡点,了解平衡点分布的规律。教学难点:设计实验,验证假设,学习对不规则物体找平衡点的方法,理解该方法所遵循的依据。

(三)教学方法

1 多媒体展示法

通过展示图片、视频等资料,演示实验原理,通过视觉冲击,激发学生学习的兴趣,活跃课堂气氛,能更直观地使学生掌握实验原理。

2 实验探究法

在课堂实验中产生问题后,鼓励学生开动脑筋,让学生根据老师的提示和所学知识推测出可能的答案,自己设计实验来论证自己的结果是否正确,以事实说话。在这里安排了较多的教学时间,把课堂还给学生,真正体现学生的小组自主探究。

3 观察讨论法

引导学生观察实验现象,分析实验现象,讨论实验现象,最后得出科学结论,有利于学生从感性认识上升到理性认识,而且分组讨论能培养学生的合作意识和参与意识,使他们乐于交流,并能发表自己的不同意见。

4 实验报告法

在实验过程中,老师提出的问题或者学生自己发现的问题都可以记录在实验报告纸上,可以让学生在实验过程中带着问题去找答案,由此可以更有针对性地得到实验结果,培养学生提出问题和总结问题的能力。

(四)教学实效分析

(1)利用多种教学方法激发了学生的学习兴趣。

（2）实验课堂中把握教材,给学生自主设计实验的平台。学生对自己亲身感受,探究实验有着极深的印象。由于自己也能创造神奇,平时也会有意无意地观察,一一记在脑海里,并有着自己不同的看法。

（3）教师在充分认识学生学情的基础上,进行适时的、必要的、谨慎的、有效的指导,让学生真正从探究中有所收获,使学生的探究实践得到不断提高和完善。

（五）学生状况分析

本课程的对象为中高年级小学生,他们从接触自然学科到现在,有一定的常识底蕴,对本课要学习的内容,学生有一定的生活经验,但认识基本上是浅层次的、杂乱无章的,如果上升到一定的科学道理,用规范、科学的语言有条理地表达出来还是有难度的。

对本课要开展的探究活动来说,学生具有一定的动手实验能力,但对于四、五年级学生实验设计是一个挑战,需要足够的时间讨论与思考。

（六）教师体会

"不可思议的平衡"这节课的设计主要是从学生所熟悉的事物入手,将一些生活中遇到的事物的原理与科学相联系,对平衡点的概念作深一步的解析,加深学生的印象,再通过自己设计的实验,到制作的作品中去寻找平衡点,让学生从生活中发现科学,从科学中体验生活。

这堂课后,教师感觉到学生对周围的世界具有强烈的好奇心和积极的探究欲,他们是学习的主体,而我们教师是科学学习活动的组织者、引领者和亲密的伙伴,对学生在科学学习活动中的表现应给予充分的理解和尊重,并以自己的教学行为引发学生的探知欲。教师的作用体现在教会学生在学习的道路上获得知识的方法。

小学美术课堂观察报告
——对小学美术课堂教学时间分配的探讨

叶立凤

一、目　　标

如何把握好课堂整体时间分配,及时而又有效地完成教学任务,将是本文叙述的重点,也是本文想要达到的目标。

二、观　察　点

对小学美术课堂教学时间分配的探讨。

三、观　察　过　程

对于美术教学来说,所拥有的时间资源很少,所以讨论时间分配问题就显得更加必要。

在小学一、二、三年级阶段,每周都有 2 节美术课,四、五年级每周 1 节美术课,我们学校还有美术特色班,光这一点,十分符合小学儿童的心理特点,而且还将有助于其他学科的学习。但从日课表上看,美术课时间的安排不是上午三、四节,就是在下午,这都不是学习能力最佳的时间,会对美术教学有一定的负面影响。但是美术教学又有自己的特点,即知识的密度和难度均低于其他学科,而且学生普遍都偏爱美术课,因而美术课又具有两面性,只要教师的教学设计符合学生的需求,能激起学生的兴趣,并且使学生能看到自己较完整的创作成果,从中获得经验,那么这样的教学效果一定是让人满意的。然而,在小学美术课上往往一堂课只有 35 分钟,而每上一节新课都要讲授新的知识、基本概念、审美特点、与生活的联系、工具材料性能、操作方法步骤等,再加上适当的提问和讨论,至少需要 15 分钟的时间,评价总结 5 分钟,而留给学生练习的时间往往只有 15 分钟,而现在的学生他们都希望自己的作业更完善、更充实,能在同伴中脱颖而出。很多学生表示这短短的 15 分钟根本无法将他们心里的草图完整地描绘出来,因此,学生的作业大多都是半成品,即便有完成的,效果也不是很好。于是,这仅有的时间资源与需要完成的教学任务之间就出现了矛盾。

王大根老师在《美术教学论》中指出:"能否避免教学时间的遗失,在很大程度上取决于教师教学设计的科学性、合理性和有效性。首先要精心设计好每个环节、每项内容,并对课堂上课能出现的问题有一定的心理准备;其次是教师的课堂教学经验和应变能力。"教学中可能出现的问题有:(1)偶发事件中断教学。对一些纪律问题或意想不到的事件,要机智果断地快速处理,或放到课后处理。(2)过渡时间过长。尽可能缩短教学内容转换时的过渡时间。(3)不适当的作业练习。如难度过大,意义不大的练习等。由此可见,在知识学习中,教师的讲述要"精练",甚至不必都讲完,留些问题让学生通过讨论、思考或联系生活实际去获取知识,这样做可以学得更主动,所学的知识也能更灵活地运用。在技能练习中,要给学生更多的练习机会和时间,通过一系列的练习掌握美术知识,提高动手能力。因此,教师的"精讲",学生的"多练"是一堂成功美术课的必经之路。

下面是我的观察反思和教学反思,我将从现象中分析原因并找出对策。

案例 1:

时间:2018 年 3 月 16 日。

地点:古北路小学。

对象:一年级(3)班。

教学内容:"象形文字"一课时。

现象:今天学生的纪律很差,于是老师让他们重新在走廊里排好队等到全都安静后再进入专业教室,我留心观察了一下,足足用了 5 分钟,于是这堂课便剩下了 30 分钟,上课后老师按常规检查学生带工具的情况,于是又用去了 2 分钟。接下去教师便按常规进行教学。也许,此时教师已意识到时间的紧迫性,因此没有使用电子课件,直接导入课题,同时要求学生打开书本集体朗读本课的重点……

分析:一开始,这名老师在处理突发事件时的做法还是很及时的。如果那时候"睁一只眼,闭一只眼"让处于混乱状态下的学生进入教室的话,他们兴奋的情绪一定会无法平静下来,势必会影响上课效果。只有等他们平静下来,然后教师再进行集体教育,让他们知道自己的行为会对他人造成什么影响,因而产生愧疚感。然后再用集体合作朗读的方式,激起他们的凝聚力和班级荣誉感。这样处理突发事件的方式是值得借鉴的。但是,我注意到这名教师在之后的讲解过程中内容过多,等到学生练习时,离下课还有 10 分钟。虽然学生们都在努力地画,但时间还是不够,教师最后的收尾比较仓促。"象形文字"这节课的难度不高,只要求学生了解几个主要的象形文字,并能在文字的基础上进行联想、添加和上色。教师在引导学生进行想象后就应放手。但是,教师为了营造课堂气氛不断地提问让学生回答,而往往提的问题太多也太单一,学生们都已经在重复回答同一个答案了,教师却没有意识到这一点仍在不断地问,以求学生能给出她自己心中的那个答案,因而浪费了许多原本属于学生练习的时间。在回收的作业中我发现虽有同学按要求完成了作业,但多半都是照抄书上的原画,没有进行适当的想象和添加。而有的同学是动脑筋想了一些独特的表现形式,但苦于时间不够,颜色只上了一半。这给老师的评分工作带来了一定的难度。

对策:(1)要完整地掌握教学过程各要素的选择程序,选择最优的教学速度。(2)按照精讲多练的原则,在一些不是太难的知识点或技法上,教师不应进行太多不必要的讲解,而是要大胆地放手,让学生自己试着做一做,在做中学会并掌握这些较浅的知识点。

案例 2:

时间:2018 年 5 月 16 日。

地点:古北路小学。

对象:三年级(1)班。

教学内容:"鞋子的想象与添加"一课时。

特色:二次作业。

现象:这节课是让学生以人人都有的鞋子为线索而进行想象与添加。通过对多媒体短片中其他小朋友优秀作品的欣赏引出课题,为学生们的想象起到牵引的作用。我以提问的方式,循序渐进地将学生们带入了想象的"异度空间"。我发现学生们的想象力异常丰富,能将普普通通的鞋子想象成太空船、小鸟的家等。学生们很能说,班级学习氛围一下子高涨了起来,这时的学生不仅能够欣赏美,也激发出了心灵美。而这节课的作业形式就选择了二次作业。第一次作业,通过多媒体展示的图片,让学生在"看"的过程中抓住特征,先尝试写生鞋子 3 种不同角度的透视变化,体现"术"

的要求。第二次作业,就是先教给学生绘画的语言和表现形式,例如点、线、面的表现,组织和强调画面的方法,放手让学生根据第一次作业中已画好的鞋子外形进行添加和创作。如此一来,学生主动学习的积极性被调动起来,完成的作品都比较完整、充实。学生和老师的讲评也比较精彩。这堂课的节奏十分紧凑,再一次体现了精讲多练的原则。

分析:从以上这个课例中可以看出,二次作业的设计需要教师对本节课技能和技巧进行难度分析,找出二次作业中的递进关系。二次作业可以是两次独立的作业,也可以是第二次作业在第一次作业上的改进,如此一来,学生作画的时间多了,思维与探索的空间也就大了。

对于教学时间的设计,首先就要把握好整体时间的分配。避免时间使用上的随意性,造成前紧后松或前松后紧的现象。其次,要保证学生的实际学习时间。教师应通过加强管理尽可能减少学生的迟到、早退及无故缺勤。如今许多学校的美术课都要求学生离开教室到美术专用教室上课。此时,我觉得班主任应与美术老师配合维持好秩序,避免学生吵闹、拖拉而浪费上课时间。当然,作为教师也要避免自身的缺课,如果实在有事不能给学生们上课,应及时安排其他老师代课。因为如今小学生语、数、外的学习负担都很重,而美术课往往会成为缓解他们心灵疲劳的良药。再次,科学规划单元课时。单元课时的设计是教学设计的核心。教师应充分分析学生已有的知识准备状况,从而确定每个单元所需要的教学时间。教师还需进一步对每堂课的时间分配做具体规划。通常一节美术课只安排一次作业,但新的课改对美术课的要求是尽可能多地采用二次作业的方式上课。就是要求教师把教学目标中学生应掌握的最基本的技能、技巧或学生作业中会遇到的难点问题,先通过学生几分钟的尝试和操作来解决,形成一次小作业,解决"术"的问题,然后通过欣赏、讨论等引导学生发挥想象力、创作力,完成第二次作业,也就是完整的"美术"作业。这个过程是认识、实践,再认识、再实践的过程。最后,教师还需要对每堂课上的具体环节的时间分配做具体规划,如讲解、演示、练习、讨论、评价等分别用多长时间。

对策:尽可能多地采取二次作业的方式进行教学。

四、体　会

最后,我认为最优化的教学方法是既要能取得最佳效果,又要能达到最高效率,是高效果和高效率的统一。优质高效省时低耗应当是现代教学方式的共同目标。当然,教师应更多地采取二次作业的方法来分配课堂时间,并按照精讲多练的原则,让学生能有更多的时间动手制作。同时,创造更多的空间让孩子们的"金点子"得到别人的认同。

时间是有限的,尤其是美术课堂中的时间,但只要教师合理、科学地设计教学过程,注重学生的"学"与"思","术"与"美"的结合,那一定能将美术课上得更加精彩。

参考文献

[1] 王大根.美术教学论[M].上海:华东师范大学出版,2000.

[2] 卢家楣,贺雯.青少年心理与辅导[M].上海:上海教育出版社,1990.

用流程图培养学生澄清问题的能力

——古北路小学 STEM 课程案例

王芳文

一、案　例　背　景

GBB 快乐小实验课程,是我校为推进跨学科知识融合的 STEM 教育而设的校本课程,旨在帮助学生打好扎实的科学、技术、工程和数学知识的基础之上,培养学生创新性思维与解决问题的能力,以适应未来社会的人才需要。

提出问题是问题解决的开始,提出问题的能力是学生在多种情境中发现并提出问题的能力,包含两个层次:主要指善于通过各种方式发现并提出问题,通过思考与追问澄清问题。前者指向问题意识,后者指向澄清问题的能力。

澄清问题,是指能够明确并提出一个有待解决的问题,对不懂的现象反复追问,对事物间的联系提出更多细节性问题。

"风从哪儿来"是针对小学阶段一至三年级学生开设的 STEM 项目课。根据不同年段学生的知识结构和学习特点,我们围绕"风"这个主题,针对不同年级设计了不同素养培育的项目式学习活动。从一年级感受风,重在培育生活认知;到二年级用风向、风速描述风的特点,重在培育学生多元表达;再到三年级探究风形成的原因,重在问题意识的培育。本案例,旨在探讨如何在课堂中用流程图培养学生澄清问题的能力。

案例采用三年级数学中的流程图,帮助学生理清用科学原理澄清问题的顺序,明确待解决的问题,并且在澄清过程中,对不懂的现象反复追问,对事物间的联系提出更多细节性问题,以提升问题澄清的能力。

二、设　计　意　图

(一) 通过实验探究,能够描述热空气上升的现象,知道自然界的风是由于热空气上升、冷空气补充的热对流现象而形成的。

（二）通过项目式学习,能借助于流程图,对问题进行因果关系的阐述,形成澄清问题的能力。

三、案例设计——风从哪里来

提问:同学们已经知道空气的流动产生了风,但你们知不知道大自然中又是什么使空气发生流动呢?

（一）前期准备

请你和你的团队一起,按照下面的步骤完成"会跳舞的小蛇"实验。实验前,请先认真阅读"安全 Tips",注意实验安全。

（二）记录实验现象

蜡烛点燃后,我看见纸蛇_____。

请你认真观察实验现象:蜡烛点燃后,纸蛇发生了什么变化?

（三）实验数据分析——热对流现象

请你思考:是什么原因使纸蛇发生了这样的变化? 你能用自己的话描述什么是热对流现象吗?

（四）生活中的热对流

生活中有哪些事物,也是利用了"跳舞的小蛇"同样的热空气上升的原理? 你能想到哪些? 请举例说明。

生活中用到这种原理的例子有:

1. _____;

2. _____;

3. _____。

（五）进一步思考

在大自然中,_____如同实验"跳舞的小蛇"中的蜡烛,照射在地球表面上,使地球表面温度_____(升高/下降),受热的空气_____,而冷空气_____,冷空气与热空气不断循环、流动,从而形成了风。

蜡烛燃烧导致的热对流使空气运动,能够产生风,大自然中有没有因为这种原因而产生的风?

四、案例分析

"空气流动产生了风"是学生在此课时前已知的,实验"跳舞的小蛇"中,蜡烛点燃后发生的问题情境——风从哪儿来? 此时,教师引入待解决的问题:请你思考:是什么原因使纸蛇发生了这样的变化? 你能用自己的话描述什么是热对流现象吗?

这样的教学设计旨在通过引导学生经历问题澄清的过程,对热对流使空气流动从而产生风三者之间的关系建立联系,知道如何用热对流来澄清生活中、自然界中遇到的问题,驱动学生理清思路、架构"澄清问题"的流程。

五、课堂观察

课堂观察表(第一次试教)

时间	第 一 次 试 教
阶段一 实验	**师:**请你和你的团队一起,按照下面的步骤完成"会跳舞的小蛇"实验。实验前,请先认真阅读"安全 Tips",注意实验安全。 学生课堂表现:安静、有序、认真阅读"安全 Tips",开始实验。 教师巡视
阶段二 记录实验现象	**师:**请你认真观察实验现象:蜡烛点燃后,纸蛇发生了什么变化? 学生课堂表现:大部分学生能独立填写观察结果,部分学生有思考"为什么会产生这样的变化?"基本都围绕题目讨论,能思考原因的极少
阶段三 实验数据分析	**师:**请你思考,是什么原因使纸蛇发生了这样的变化? 你能用自己的话描述什么是热对流现象吗? 学生课堂表现:大部分学生都能说出是"风使纸蛇发生了旋转的变化"。几乎没有学生能用自己的话描述热对流现象。当有学生说是"风使纸蛇发生了旋转的变化"后,部分学生已对问题澄清失去了兴趣,低头做自己的事,没有进一步深入讨论问题的意识与好奇心。更没有学生将热对流—空气流动—风,三者建立联系以澄清问题情境引发的逻辑关系链

(续表)

时间	第 一 次 试 教
阶段四 生活中的 热对流	**师**：生活中有哪些事物,也是利用了"跳舞的小蛇"同样的热空气上升的原理? 你能想到哪些? 请举例说明。 学生课堂表现：第1、2、3组全部在听,4、5、6组部分学生在忙自己的事。全班三分之一的学生举手发言,大部分说的现象不是热对流现象,几乎没有人把产生热对流生活事件所对应的问题澄清。 **师**：还有同学补充吗? 学生课堂表现：只有零星几个同学举手,补充的事件重复,或者不是热对流现象
阶段五 进一步 思考	**师**：蜡烛燃烧导致的热对流使空气运动,能够产生风,大自然中有没有因为这种原因产生的风? 学生课堂表现：第1、2、3、6组全部在听,第4、5组部分学生在忙自己的事,或低声交流无关的事。全班三分之二的学生举手发言,大部分说的现象是热对流现象,少数人能把产生热对流自然现象所对应的问题澄清。 **师**：还有同学补充吗? 学生课堂表现：有部分同学举手,补充的自然现象基本类似

六、行 为 识 别

根据课堂观察和记录,从讨论参与度、交流时间、交流参与度、澄清质量四方面进行了归纳整理。

教师创设了合作交流、讨论问题的合作氛围,但为何学生参与的程度、参与的热情,及澄清问题的质量一路下滑?

教师提出问题后,未能引导学生构建问题澄清的流程,使学生在交流过程中,毫无经验、凭空想象、随意阐述、无章可循,无法对焦自然现象,或身边事物背后所含的科学原理,即无法明确有待解决的问题,无法进一步对不懂的现象反复追问疑点,更无法对事物间的因果关系或其他联系提出更多细节性问题。反映出学生问题澄清能力的匮乏与不足。

七、案 例 支 持

新思考：是否引入流程图,为学生搭建思维桥梁,帮助学生明确或提出一个有待解决的问题,扫除澄清问题的障碍,让他们有更多的精力关注事物间的联系,能对不懂的现象反复追问,形成澄清问题的氛围?

（一）问题导入

同学们已经知道空气的流动产生了风,但你们知不知道大自然中又是什么使空气发生流动呢?

课堂观察表(第二次试教)

时间	第 二 次 试 教
阶段一 实验	**师**:请你和你的团队一起,按照下面的步骤完成"会跳舞的小蛇"实验。实验前,请先认真阅读"安全 Tips",注意实验安全。 学生课堂表现:安静、有序、认真阅读"安全 Tips",开始实验。 教师巡视。 明确实验目标:"会跳舞的小蛇"实验是模拟大自然中风是如何形成的,请一边实验一边思考"大自然中的哪种现象导致空气流动"
阶段二 记录实验现象	**师**:请你认真观察实验现象,蜡烛点燃后,纸蛇发生了什么变化? 学生课堂表现:大部分学生能独立填写观察结果,部分学生有思考"为什么会产生这样的变化?"基本都围绕题目讨论,几乎无人思考原因。 **师**:能否猜测一下,蜡烛周围的空气在蜡烛点燃后发生了什么变化?巡视小组讨论情况。 学生课堂表现:大部分学生能说出是"风使纸蛇发生了旋转的变化"。(先帮助学生明确待解决的问题) (板书:风→纸蛇发生了旋转的变化) **师**:是什么产生了风?(板书:?→风→纸蛇发生了旋转的变化) 学生课堂表现:大部分学生都能明确问题澄清的关键,并试图予以解释,有进一步深入讨论问题的意识与好奇心。大部分学生说出空气流动产生了风。(学生在明确待解决的问题后,讨论的积极性有显著提高,并能将已知知识"风产生空气流动"与纸蛇变化建立联系,讨论的结果指向性明确) (板书:空气流动→风→纸蛇发生了旋转的变化) **师**:在实验中,蜡烛点燃后,周围的温度发生了什么变化?与蜡烛周围产生的空气流动有关系吗?(明确了一个新的待解决问题"蜡烛点燃的影响"与空气流动的联系) 学生课堂表现:大部分学生作出正确判断,认为蜡烛点燃后,温度上升使周围空气变热,从而产生了空气流动,也就产生了风,使纸蛇旋转。(学生在思考、判断后,通过回答问题,将关注点置于"蜡烛点燃的影响"与空气流动之间的联系)

（续表）

时间	第 二 次 试 教
阶段三 实验数据分析	**师**：请你思考，是什么原因使纸蛇发生了这样的变化？你能用自己的话描述什么是热对流现象吗？ **师**：空气变热为什么会产生空气流动？（这是对空气变热导致空气流动的更细节性的问题设置） （板书：？→空气流动→风→纸蛇发生了旋转的变化） 学生课堂表现：大部分学生都能明确问题澄清的关键，并试图予以解释，有进一步深入讨论问题的意识与好奇心。学生大部分都知道热空气上升冷空气下降，产生了空气流动，并不清楚产生这种现象的本质是在蜡烛周围受热不均匀。几乎无人知道热对流现象。（学生在针对更细节性、科学性的问题澄清时，有思考，但因本体知识匮乏，解释能力下降，但倾听欲望上升，更愿意听他人讲解） **师**：热对流现象发生的本质是受热不均匀，空气受热上升，周围的冷空气补充进来，再受热上升，周围的冷空气再次补充……这样不断循环产生空气的运动…… （板书：蜡烛周围空气受热不均匀→热对流→空气流动→风→纸蛇发生了旋转的变化） 注：将蜡烛周围空气受热不均匀→热对流→空气流动→风之间建立联系以澄清问题情境引发的因果关系链
阶段四 生活中的热对流	**师**：生活中有哪些事物，也是利用了"跳舞的小蛇"同样的热空气上升的原理？你能想到哪些？请举例说明。 学生课堂表现：大部分学生认真听取别人的发言，少数学生在私下补充。全班三分之二的学生举手发言，大部分说的现象不是热对流现象，有学生说到自然课实验走马灯。 **师**：谁能把走马灯的问题说清楚？（手指板书，暗示走马灯现象与板书所示的流程图类似，明确待解决问题，并粗略勾勒出澄清流程） 学生课堂表现：三分之一同学举手，能将蜡烛周围空气受热不均匀→热对流→空气流动→风→推动走马灯的问题澄清。 （学生借助于流程图，将一个已明确的，类似的待解决问题，追根溯源，建立起事物之间的本质联系，体会表象下的科学本体） 教师出示孔明灯，并提问：你能说明是什么使孔明灯升空吗？ （明确一个新的，稍复杂的待解决问题，以巩固新知） 学生课堂表现：三分之二同学举手，基本都能澄清问题。 （学生借助于流程图，将一个较明确的，类似的待解决问题，追根溯源，建立起事物之间的本质联系，进一步体会表象下的科学本体） **师**：请思考一下，为什么油烟机要装在煤气灶的正上方？（这纯属一个生活表象问题，意在让学生透过现象看本质，自行明确待解决的问题，并能根据流程图建立起事物之间的本质联系，并能对一些细节性问题进行追问） 学生课堂表现：小组讨论，学生互相补充。小组内合作，基本把问题澄清完整。（详见课堂实录片段）

（续表）

时间	第 二 次 试 教
阶段五 进一步 思考	**师**：蜡烛燃烧导致的热对流使空气运动,能够产生风,大自然中有没有因为这种原因产生的风? **学生课堂表现**：全班大部分学生举手发言,说的现象都是热对流现象,几乎都能把产生热对流自然现象所对应的问题澄清。 **师**：还有同学补充吗? **学生课堂表现**：大部分同学举手,补充的自然现象基本不重复

（二）新识别

根据课堂观察和记录,从讨论参与度、交流时间、交流参与度、澄清质量四方面进行了归纳整理。

教师提出问题后,引导学生理清问题的因果关系,借助于流程图,帮助理清问题的根源、建立了因果关系链。学生在交流过程中,凭借流程图,透过现象看本质,明确待解决的问题,并能将事物之间的关系理清,扫除了澄清问题的大障碍。所以,交流参与度、交流质量以及交流时间,均有明显的提升。学生在澄清问题过程中,因为有了思维依仗——流程图,所以大部分能使用科学语言对自然现象,或身边事物进行逻辑一贯性的原理阐述。

油烟机问题澄清的实录对比表

第一次课堂实录片段	第二次课堂实录片段
师：为什么油烟机要装在煤气灶的上方? **生 A**：(不假思索)是热对流现象。 **生 B**：(认真思索)是热对流现象。 (上述两位学生,或模糊,或根本没有对焦待解决的科学问题是什么) **生 C**：(打断)热空气上升钻进了油烟机。(该学生已透过现象看到本质,明确了待解决的问题,但是未能进一步地建立事物之间的联系,从而形成较好的问题澄清能力)	**生 A**：油烟机装在煤气灶上方是利用了热对流现象。因为煤气灶周围空气受热不均匀,产生了热对流,造成空气流动,形成风,推动油烟机转动。(根据板书,边思考边叙述,边匹配验证"待解决的问题属于热对流现象",并作出判断) **生 B**：我画给你们看。(边画边叙述,用流程图进行阐述、验证、判断。能用画图的方式,澄清问题的细节) **生 C**：(打断)热对流原理使得油烟机省电了,所以要将油烟机装在煤气灶上方。(倾听、匹配、思索、追问、判断,对更多的细节性问题进行描述,问题澄清的能力进一步提升) **生 D**：(抢述)对。煤气灶中间燃烧的火焰使附近空气受热不均匀,产生了热对流,造成空气流动,形成了风,推动油烟机的转动,让油烟机省电了,所以要将油烟机装在煤气灶的上方。 (快速判断、验证,汇总所有的细节,建立事物之间的本质联系,澄清问题的能力进一步提升)

学生在问题澄清时,能借助于流程图,敏锐地对焦待解决问题所指向的科学本质,快速建立事物之间的联系,领会澄清问题时的大致流程。在澄清的过程中,遇到疑点反复追问,或做更多细节性描述,澄清问题的能力明显提升。

（三）新理解

我校 STEM 课程旨在培养学生形成提出问题、解决问题的创新性能力。从上述案例可得:借助于流程图,可帮助学生将待解决问题,分解成逻辑元件,理清澄清问题的思路,构建澄清问题的框架。在阐述的过程中,学生能对更细节的问题进行描述,并能对不懂的现象反复追问。教师在课堂中,帮助学生用流程图明确问题的因果关系,帮助学生迅速找到澄清问题的关键,理清待解决问题的澄清思路。使学生在联系生活,或自然现象时,更多关注细节性问题的提出、追问,形成澄清问题的能力,并在问题意识中逐步发展创新性、与批判性思维。遂将课程调整如下:

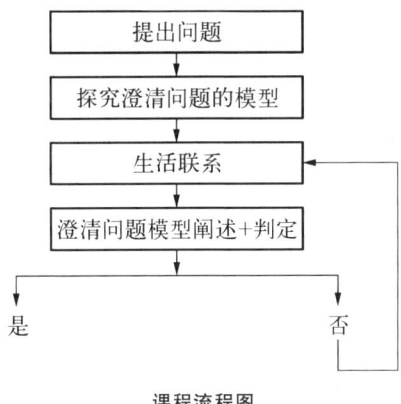

课程流程图

注重小学音乐欣赏教学中情境的创设

——五年级第二学期欣赏教学《春之歌》课例分析

孙嘉灵

一、问题的描述

音乐新标准在课程目标的设置上,专门对教学过程与方法提出了明确要求,倡导体验、模仿、探究、合作及综合式的学习,强调学生在教学活动中的主体地位,创设便于师生交流的教学环境,建立平等互助的师生关系。这样教师就应该利用学生的生活经验,设计生动有趣、直观形象的教学活动,如讲故事、做游戏、模拟表演等。这也就是我们平常所说的创设音乐情境。教师通过情境的创设激发学生学习的积极性,向学生提供从事音乐活动的机会,帮助他们在自主探索、合作交流过程中真正理解和掌握基本的音乐知识和技能、方法,获得广泛的音乐活动经验。如何使创设的情景更好地辅助主教材的教授,值得我们商讨交流。

二、尝试的假设

在学习相关文章之后,我个人初步觉得,情境创设一定要恰当,紧扣课堂教学的目的,如果不符合学生实际;情景与教学内容联系不紧密,不贴近学习内容;情景离奇古怪,会导致学生沉湎于情景细节之中难以自拔等。在五年级的欣赏乐曲《春之歌》的教学中我首先从五年级的学生特点着手,让学生找、赞、赏、画、唱春天来感受春天,更好地理解音乐作品给我们带来的诗情画意。

三、设想与设计

《春之歌》是一首典型的"无词歌",是门德尔松《无词歌曲集》中最为著名的一首。除了钢琴独奏外,该曲还被改编为其他独奏曲及管弦乐曲,流行甚广。学生开始在乐曲的伴奏下朗诵诗《推开春的大门》,初步感受乐曲。学生在朗读诗歌时非常有感情,并能注意跟随音乐旋律的起伏快慢等,控制朗读的速度和情绪。乐曲为ABA'三段体结构。第一段,在高音部以流畅、欢快、具有歌唱性的主题旋律,表现了春光明媚、百花齐放的春天景色。中、低声部则在清澈的和声中做琶音式的装饰伴奏,烘托出淳朴而富于纯色诗趣的意境。第二段音乐继续发展主题,节奏较前面紧凑,增强了力度,并运用模进手法渲染了爽朗而热烈的情绪,仿佛从对春景的描绘转入对春天的赞美与歌颂。经过流水般的连续十六分音符的过渡,乐曲进入第三段。第三段是第一段的变化再现,同时深入了中段的音乐元素。随着力度的不断增强、节奏的拉宽,达到全曲的高潮,营造出情绪高涨、朝气蓬勃的气氛。最后响起一连串自低而高、清脆悦耳的琶音,给人留下无穷的回味。本课教学中,我由欣赏春天的图片、吟诵有关春天的诗歌入手,用课件播放了表现春天的绘画作品,在欣赏图片时播放《春之歌》作为背景音乐,优美的音乐配上唯美的画面,使学生感受到春之美,达到视觉与听觉的双重享受。在欣赏了春天的自然美景后,学生吟诵了有关春天的诗歌。接着,重点赏析了德国作曲家门德尔松的《春之歌》,分析了歌曲的各个主题,探讨了音乐的要素,聆听了不同乐器演奏的《春之歌》,来帮助学生感受音乐所表达的情感、感受这首作品的音乐特色。最后鼓励学生用各种形式表现春天,创作"我的春天"。

对此,我根据课标的要求和学生的实际,提出了本课的教学目标:

1. 欣赏乐曲《春之歌》,感受乐曲抒情明快的情绪,体验作者对往事的美好回忆,抒发对友人的思念之情。

2. 欣赏乐曲《春之歌》,初步学会哼唱主题旋律;了解乐曲的结构,作曲家门德尔松的生平事迹,以及"无词歌"的基本特点。

四、片段与解读

(一) 教学片段

首先用多媒体营造了一个生机盎然的春天,接着提问学生现在我们已经来到了什么季节?

生:春季。

师:下面请你们自由讨论春天在哪里?

生： 在树上、花上、人上等。（回答得热闹非凡）

师： 下面让我们共同来朗诵一首赞美春天的诗《春晓》，并用自己的语言赞美心中的春天。

（学生回答得争先恐后，课堂气氛异常活跃）

这时教师又用多媒体播放了美术作品《春》《春色》《水上人家》《放风筝》，接下来请学生画心中的春天，介绍风筝的制作，最后用很短的几分钟学唱《春之歌》。

（二）解读

这节课我创设情景的目的是让学生从找春天—赞春天—赏春天—画春天—唱春天等的活动中感受春天。我在课中积极融入了相关学科，看似内容丰富，形式多样，其实已变成了一堂不伦不类的综合课。在整堂课的教学中没有把它们与音乐有机融合，消亡了音乐学科本质与特性。所以对本课的重点歌曲的教学，却粗制滥造，我"精心设计"的结果事倍功半。

五、问题与研讨

1. 《春之歌》的情景的创设为什么使我的教学事倍功半？
2. 《音乐的强弱》的情景创设为什么阻碍了我的教学？

六、反思与探究

保加利亚心理学家洛扎诺夫认为，学生的学习不仅要重视有意识的心理活动，而且要调动学生无意识心理活动的潜能，把有意认知和无意认知统一起来，使学生在思想高度集中又精神放松、轻松愉快的情况下进行学习，更能取得良好的学习效果。在小学音乐课堂教学中，情境创设教学模式就是一种达到良好教学效果的手段。

（一）情境创设教学模式的教学目标

1 创设美感的情境，要以音乐为主，围绕音乐的教学情景创设的教学情景不是为了观赏，不在于刻意制造些什么，更不在于额外添加了些什么

情景不是装饰，也不是单纯的激发学生的兴趣。装饰过于华丽，学生的兴趣往往

容易被转移,从而疏忽了音乐课的重点——"音乐"。《春之歌》可以让学生在这样的情景中轻松地学习、体验、参与。聆听大自然中的春天,通过艺术歌曲《春晓》感受音乐与诗词的完美结合;在表现春天的音乐背景下,欣赏表现春天的美术作品《春》等;朗诵《春之歌》的歌词;根据所听到的音乐用色彩表现春天;用歌曲表现春天,用舞蹈、肢体语言表现春天,用乐器演奏《春天来了》等乐曲;鼓励学生自编音乐剧《春天的童话》……这些形式都以音乐为主体及切入点,而且有利于学生音乐能力的培养。音乐课中的情景创设是为了能更多地着眼于促进学生对歌曲的理解和思想情意的感受,关注学生表现能力的提升和发展,若学生对歌曲的表现内容和情景没有理解,就盲目创设情景,显然对情景创设这种手段还存在认识上的偏差,没有处理好课堂情景和学习音乐的关系,让情景主宰了整个课堂,这样的课堂是轻松愉快了,但真正意义上的收获又有多少呢?

2 创设美感的情境,是为了更好地促进教学互动,提高音乐课程在教学实践中的有效性

情境创设模式主要作用在于对学生个性的陶冶和人格的培养,通过设计某种与现实生活同类的意境,让学生从中领悟到怎样对待生活、认识自己并在潜移默化中学习科学知识和技能。所以,在情境创设教学模式中,教师要为学生创设一种与教学目标、内容相配套的情境,引导学生去做什么,合理开展实践排练与即兴创作,让学生感觉到音乐学习的轻松,似乎感到每一节课都是在"玩",并在置身于"玩"的过程中去感知音乐的内涵,去产生人与人之间的在情感上的沟通与联系,在"玩"中增强合作意识和在群体中的协调能力,让学生真正地参与实践活动,把教师怎样讲变成让学生去怎样做。这样,既改变了传统的音乐教学模式,学生的素质也在愉快、充满活力的课堂气氛中得以提高,有效地促进了教学互动和提高了音乐教学的实效性。

(二)情境创设教学模式的教学要求

1 情境的创设要准确把握学生的认知基础

瑞士著名的儿童认知心理学家皮亚杰认为:儿童的各种概念是通过对环境的探索过程逐步建立起来的。在儿童早期,主要是通过感觉——运动的方式来进行学习的。基于这样一种观念,我在教学实践中致力于给学生创设一种音乐的特殊环境,特殊的环境主要是指一种特殊的教室。在这种教室中,乐谱形象无处不在——地上、墙上、桌上、钢琴的面板上乃至师生的衣服、帽子上……此外,教室里还备有许多专门设置的教具：如打击乐器、各种头饰、音乐图片、彩色笔、音乐磁带和用硬纸剪成的各种音符等。在这种特殊的环境中,教师带领儿童综合地运用各自的听觉、视觉、触觉、运动觉,并通过各种游戏的方式来观察、利用这些环境和材料。对于不同年龄段、不同教材内容的情境创设也有很大的不同。教师要充分了解并掌握孩子的心理特点,创设与之相贴近的情境,使孩子能通过与环境的相互作用,能自觉地吸收这种外部环境中蕴含的音乐的各种因素,最终构成内心的音乐体验和音乐概念。

② 情境的创设要密切联系学生的生活实际

现实生活中蕴含着大量的音乐元素,然而,小学生关心、易于探究的往往是那些贴近他们日常生活的问题。因此,音乐情境应更多地关注他们所关心的内容以及他们在生活中所获得的经验,这样才能促使学生喜欢音乐。教师要从学生"学"的角度创设有效的教学情境,充分挖掘、拓展学生的生活空间,经历将生活问题音乐化的过程,使他们在获得音乐知识的同时,在思维能力、情感态度和价值观等方面得到进步和发展。有效的音乐情境要能够让学生"触景生思",诱发学生思维的积极性,引起他们更多的音乐联想。如果教师所创设的情境,使学生只停留在情境的表面,不能进入实质性的领域,无法引起学生深层次的思考,这样的情境在教学中价值不大,甚至是毫无意义的。

③ 情境的创设要能够引起学生的丰富想象

在一种特定的情境中,连续不断地播放歌曲旋律,让学生在潜移默化中感受音乐、熟悉旋律。熟悉旋律的方法很多,可以采用各种方法演唱让学生熟悉旋律,如听录音机唱、听老师范唱、欣赏多媒体演示唱等;也可以用各种律动让学生熟悉旋律,如按歌曲节拍有节奏的拍手、创编各种"身势"拍手、给歌曲配上简单的舞蹈律动等;还可以采用与其他学科综合的办法让学生熟悉旋律,如边听音乐边用彩色笔描绘歌曲情境、边听音乐边有节奏地朗诵歌词等。

音乐是情感的艺术,古人云:"感人心者,莫先于情。"可见,情感是音乐教学的生命线,只有牢牢抓住这条主线,才能使音乐课成为学生所喜爱的课,而创设适当的情境,往往最能够让学生体验情感,激发情感。在课堂教学中我们可以从"情"入手,情境结合,让学生在一定的情境中,通过深刻的情感体验培养他们的音乐感知能力,表现能力,激活我们的音乐课堂,让学生真正喜欢音乐课,从而得到美的享受。

小学体育学科"长作业"生活化设计的研究

金仁杰

一、问题的提出背景

（一）体育生活化全面普及

马克思指出："人的身体和精神的发展，不可避免地是由生产发展决定的。"随着我国人民群众物质生活条件不断地改善，对精神生活有了更多的需求，人们对体育功能和价值认识也不断深入，使体育成为人们社会生活所不可或缺的一个组成部分，体育生活化现已成为当今世界人们生活方式发展的一种趋势和潮流。

（二）传统小学体育教学所存在的弊端

我国传统的体育课程一直依据体育教学大纲来开展活动，从教学内容上来看，我们的学生学习的所谓体育技能都是着眼于竞技运动训练目标的，学生即使通过努力掌握了这些技能后，既不能在身体锻炼中起到实效，又难以迁移到生活技能中。从教学过程看，静态刻板的课堂教学必然是死气沉沉、缺乏生机与活力的，学生的主体性被扼杀在权威的教育之中，缺乏主体参与的课堂教学，不仅在认识效果上产生不良效果，学生对体育的情感、态度与价值观的培养以及身心、能力的发展都成为纸上谈兵。

（三）基础教育课程改革的理念要求

美国教育家杜威早在 1899 年就提出"教育即生活""学校即社会"的理念，教育既然是一种社会过程，学校便是社会生活的一种形式。因此，学校必须呈现真实而生气勃勃的生活，回归生活是课程改革的必然归属。关注每一个儿童的发展，注重学生的情感体验，赋予教学以生活意义和生命价值，把学生培养成为学习体育的主体、个体生活的主体和社会体育活动的主体，是新时代我们所要极力倡导的体育教学生活化。

（四）"长作业"设计的内涵

"长作业"从目标上来看,它注重对学生综合运用知识能力的培养,发展学生的独创性的思维能力,注重从解决问题中或在与同伴的合作中发展积极的情感;从过程上来看,它注重仿照发明与创造的过程,以问题为中心,按照提出问题—分析问题—提出假设与搜集资料—评价、验证、得出结论的过程来展开学习;从学习形式上来看,既有个别学习的方式,又有与同伴之间合作性的学习方式;从思维类型上来看,它学习的主动权交给了学生,学生因此而获得了发展自身的广阔空间,其思维也摆脱了对教师的依赖,思维发散性的特点逐渐显现出来,变得会创新、创造;从学习结果来看,它没有确定的答案,学生自我独立钻研的结果往往以小论文、实验报告的形式呈现,体现了学生学习的主动性;从对学习结果的评价上来看,采用弹性评价制,评价者可以是学生本人,也可以是教师或同伴,它对于学生学会正确认识自身的长处和不足具有重要的作用。

二、问题的研究价值

（一）社会价值

社会的发展是为了人,人的发展主要体现在人的素质的全面提高上,国民素质的提高应该从娃娃抓起。体育生活化与人们的现实生活相融合,显示出新的生存价值标准,给人们以美好的生活意境和启示。因此,体育生活化是社会发展的一种推动力。让小学生在小学体育课堂上就接受这样的教育,对提高整个社会公民素质具有非常重要的作用。

（二）教育价值

体育课堂教学生活化是现代社会和教育发展的需要,小学体育新课程重视课程内容和课堂教学与学生生活的联系,小学体育"长作业"关于体育生活化的设计,关注学生的生命意义与生活价值,体现了体育教育的本质功能,让学生身心得到健康的同时,能更好地适应和服务于社会。小学体育课堂教学生活化符合《体育与健康课程标准》的 5 个学习领域目标,有助于促进小学生的全面发展。

(三) 生活价值

体育"长作业"进行体育生活化设计,是反映社会及生活的需要,帮助学生了解社会生活,培养实际生活能力,使课堂教学成为学习社会生活的一部分。体育课堂教学生活化,能让小学生更好地适应和服务于社会。

三、研 究 方 法

(一) 文献资料法

查阅了 6 部涉及体育社会学和体育新课程改革方面的专著,并通过 CNKI(中国知网)查阅了 1994—2006 年有关的文献资料 20 多篇,对资料中相关部分从理论上进行了分析、对比、综合。

(二) 案例分析法

通过实际的体育课堂教学,不断地反思、总结,将体育社会学、新课程改革这些理论知识和小学体育课堂教学生活化的案例结合起来。

四、案 例 分 析

(一) 案例 1:"爬行"——来自低年级的基本生活能力的体育教学"长作业"

某老师的体育"长作业"主教材设计内容之一是爬行,攀爬能力是人的基本活动能力之一,教学对象是一年级的学生。他根据学生的身心特点,把爬行教材的设计重点放在通过语言和器材创设情境,以激发学生的练习兴趣。第一阶段:搜集相关动物园内各种小动物爬行的姿势,让学生学一学,做一做,使学生欢快自主地进行展示,第二阶段:教师不对所模仿的动作具体规定,而是引导学生通过互相模仿、比较和讨论,琢磨"爬行"的主题。为今后学习队列体操中的高姿与低姿爬行打下基础。学生在练习过程中不但要练习爬越、快速跑,还要自己布置场地、人员的分工安排。第三阶段：整合以后的接力跑游戏需要学生更多的参与，也更能调动学生学习的积极性和主动性，不但发展了体能与技能，还促进学生社会生活能力的提高。

这一主题的设计启发我们：在培养最基本生存能力时，要树立安全意识，学会保护自己。一方面，在课堂上让学生合作讨论日常生活方面如：安全用电，安全用水，安全用煤气，在公路和街道上走路，在动物园，在山里，应该怎么办？然后在操场上结合这些实际生活场景进行合作的游戏，如救火、抢救伤员、搬运伤员，过十字路口等游戏。另一方面，随着社会发展的日益复杂化，社会上也有一些违法人员，例如在学校门口敲诈学生钱物的流氓、拐卖人的骗子等，教师要教会小学生与陌生人打交道和识别坏人的能力，并学会遇到坏人时要沉着冷静地想办法保护自己。

（二）案例2："快乐旅途，锦绣长城"——来自遵守交通规则和红色社会文化教育"长作业"

某老师的这一"长作业"主题设计以"健康第一"和"安全第一"为指导思想，以认识交通指挥灯、交通标志为主教材，结合长城的社会历史文化，设计学生能够参与，乐于参与的系列体育活动，激发学生的学习兴趣，让学生在自主学习中体验成功的快乐，培养学生的自我锻炼能力和自觉遵守社会规范的能力，并弘扬中华民族的传统社会美德。另外，以优美欢快的音乐、鲜明的历史照片和神州系列飞船胜利返航这一举国欢腾的历史事件为铺垫，创造出生动活泼的教学环境，使学生在欢快愉悦的教学氛围中接受爱国主义教育，掌握一定的交通安全方面的知识和技能，在身体和心理方面都能获得一定的发展。

某老师的这一主题，能充分体现生活中的教育内容，运用多种教学手段和方法使学生认识部分交通标志，了解一些基本的交通规则；学生能在体育活动过程中掌握多种交通标志，并能做出正确的判断；并能够进一步了解长城的"红色社会文化"。发展学生想象和思维能力，提高学生实际动手操作能力，激发学生的爱国热情。

（三）案例3："课外健身安全第一"——突出体育项目与生活场景有机结合的体育"长作业"

某小学"长作业"设计表

学　校	某小学	学　科	体　育
年　级	四年级	设计者	金老师
作业名称	课外健身安全第一	作业时间	3个月
作业目标			

作业目标	1. 懂得参加课外健身活动的好处,激发参与课外活动的欲望。 2. 了解课外活动的注意事项,培养安全意识。 3. 了解课外体育活动的内容,培养参与体育活动的兴趣以及交往能力与合作精神;提高对个人健康和群体健康的责任感,形成健康的生活方式
作业内容	1. 搜集健身活动好处多的资料; 2. 分组合作制定项目实施学习方案; 3. 分组合作完成项目实施学习方案; 4. 展示健身活动好处多的成果和方法。 作业重点: 1. 了解课外体育活动的好处; 2. 了解课外体育活动的内容及注意事项
作业步骤	准备阶段(9月1日—9月13日): 1. 采用观察、调查、讨论、搜集资料等方法,了解课外体育活动的内容; 2. 教师引导,学生分组合作制定项目实施方案。 实施阶段(9月14日—11月13日): 1. 按学校操场分布图,各小组合理布局项目实践场地; 2. 各小组代表汇报本项目锻炼方法、注意事项和过程以及分工合作;(教师指导) 3. 各小组定期检测各项指标;(参考体育与健身考查标准和小学生体质健康标准) 4. 按时填写好锻炼记录表,及时听取教师意见,合理调整练习方法。 评价阶段(11月13日—11月30日): 1. 介绍本小组课外体育活动的项目内容和益处; 2. 展示小组成员课外体育锻炼的成果和方法; 3. 采用自评、组评等多种形式进行评价
作业评价	1. 能与组内伙伴合作,将所了解到的体育知识以小故事的形式,以图片、媒体介绍课外活动的好处、内容及注意事项,供大家交流、学习; 2. 在教师引导下,积极参加课外活动,在活动中锻炼自己的身体。 3. 根据学生的记录、收获感悟,可以采用自评、组评等形式进行评价

作业单：

课外健身日常锻炼记录表

组号＿＿＿＿＿

时间	姓名	班级	锻炼内容	锻炼目标	我的收获	个人自评	组长(家长)评价

说明：

　　体育项目"长作业"——学生可根据实际情况,每天放学后选择空余的时间,时间一般为10—20分钟,进行锻炼。每天锻炼的内容可有所不同,每天需突出侧重点;每天都要把自己的收获记录下来。

　　每组每个星期要填一张表,包括日期、姓名、出勤情况、锻炼内容、表现、个人自评等,前四项由小组长(由体育骨干担任)负责填写,自己锻炼时也可由家长负责填写,个人自评由自己客观进行评价(见课外健身日常锻炼记录表)。每个人根据自己的实际情况,制订计划,也可参照学校体育与健身考核标准,有一个锻炼目标:比如,跳绳1分钟要达到多少个、篮球学会运球、投篮等。自己通过锻炼是否实现了目标,如果没有,如何改进,以待突破。总之,要给自己定锻炼目标、订计划,坚持到底,不能中途放弃!

体育与健身测试表

班级＿＿＿＿＿　　姓名＿＿＿＿＿　　性别＿＿＿＿＿　　学号＿＿＿＿＿

	供选项目	选择(√)	一测成绩	一测时间	二测成绩	二测时间	综合成绩	备注
体育与健身测试表	广播操							
	50米							
	立定跳远							
	呼啦圈							
	……							

说明：

　　小学生自觉性和意志力不是很强,教师也不是布置完作业就完事了。学生在家锻炼情况如何,最了解的是家长,这就需要家长和学校老师配合监督,指导学生来完成。教师可与家长或小组长保持联系,进行不定期的检查指导,出现问题及时解决。过一段时间或是一个假期以后要进行量化评比,看是否达到了预期的效果。给每个学生制作一张体育与健身考核表,根据学生之前的选择进行自检记录(见体育与健身测试表)。用时,教师对表现突出者要进行张榜表扬,对一些未达标的同学,不应简单批评,而是要耐心进行交流,帮助他们分析原因,寻找最适合他们的锻炼方法,以提高他们的身体素质和技能。

五、小学体育教学生活化与5个"长作业"案例综合分析

(一)教学理念生活化

小学体育新课程教学中,必须回归生活世界。就某老师的"爬行"这主题而言,小孩总是先学会爬再学会走的。一个正常的学生,不用教,其自身已经具有了一定的攀爬能力与实践经验。把攀爬作为一项小学体育的基本内容,是因为通过反复的练习,能促进学生的手脚协同活动能力的提高。

(二)教学内容生活化

实践表明体育教学内容越接近学生的经验,越与学生的现实生活联系紧密,学生就越有兴趣,就越能体现体育教学的价值。

新课程标准在教学内容的安排和设计上,可针对性地创设一些"生活情景",使学生置于生活的氛围中,产生强烈的求知欲,让课堂教学真正活起来,让每一个孩子的心情得到彻底的放飞,在活动中积极思考,积极锻炼,充分感悟体育的兴趣和魅力,为终身体育打下坚实的基础。案例1就是用小学生成长过程中的爬行做内容;案例2就是根据遵守交通规则来设计;当然这几个案例,并不意味着体育课程内容是对生活的简单复制,所有生活都可以作为体育课程内容,课程与生活之间的界限消失了,那是对体育课程的庸俗化的理解,必须对生活化的内容做出教材化的改造,达到体育课堂身体和心理的负荷要求,从而寻求基础性与发展性相结合,学术性与生活性相结合,科学性与人文性相结合。

（三）教学目标生活化

案例 3 的教学目标是了解课外体育活动的内容,培养参与体育活动的兴趣以及交往能力与合作精神;提高对个人健康和群体健康的责任感,培养安全意识,有提前预知感,形成健康的生活方式。

体育"长作业"设计目标必须考虑两点,一是学生现实生活和可能生活需要的整合,使学生通过特定课堂学习,生活的熏陶,逐步成为具有独立人格和批判意识的人。二是人类生活经验和发展,需要与学生所面对的生活世界以及学生人生价值实现整合。从这个意义上说,"长作业"设计目标的确立应以学生已有生活经验为认识起点,以现实课堂生活为条件,以学生的可能生活为根本着眼点,从全人的角度构建教学目标。

（四）教学方法生活化

在"快乐拓展日"实施背景下,小学体育"长作业"方法在传统的传授式教学法、系统性教学法的基础上提出了新的教学整合,如:主题教学法,情境教学法,发现教学法,启发诱导法,创造教学法,游戏化教学法,评价激励法。这些教学方法在一定程度上更加贴近学生的生活,有利于学生的体育学习兴趣,有助于学生对体育知识与技能的掌握和终身体育思想的形成。

如案例 2 采用启发诱导教学法,老师通过层层的启发和诱导,让小学生在身体练习的过程中获得了生活中的交通标志和交通规则的知识以及让学生知道了自己生长在一个充满着红色文化的城市,学生在动手、动脑、动口中获取了知识,调动了学生学习的主观能动性。

（五）学习方式生活化

在体育"长作业"生活化设计中要提倡自主学习,合作学习和探究学习,让学生通过自己的活动去获得,去体验。案例 2,老师通过带领学生去郊外游玩这一生活情景的创设,并巧妙安排一系列跑、跳有关的游戏等,让学生亲身体验到自己生活的环境,哪种跑的姿势最轻松,了解到在跳的练习时,教师不再先教技术动作,而是让学生自己先体验,充分发挥了学生的想象力、创造力、表现力。学生在身体锻炼的同时,学会了一些基本的交通规则,也了解盐城的"红色社会文化"。

（六）学习成效生活化

小学体育教学的主要成效是使学生的体质得到发展,过程效果得到延续,在案例3中,老师通过各项目的保护和自我保护进行了总结梳理,并运用到生活中,本身是学习过程的必须阶段,在此,通过体育"长作业"的设计,从而转化为生活中自我保护的措施,有效、实用,学生也乐于接受。

六、结论与建议

（一）结论

将体育"长作业"进行生活化设计,进一步学习了新课程教育理念,体育与健康课程标准和体育生活化理论,认识和掌握体育教学生活化(包括教学理念、内容、目标、方法生活化和学习方式生活化),灵活地将体育教学生活化运用到实际的体育课教学中,以便有效地提高小学生的社会生活能力,更好地贯彻体育与健康课程标准,促进小学生的全面发展,提高终身锻炼的意识。

（二）建议

1. 体育老师在掌握教育理念和体育运动知识的基础上要学习社会学方面的知识,提高自身的综合素质,以有利于更多小学体育"长作业"生活化项目的设计。

2. 在小学体育新课程课堂教学中,进行体育"长作业"设计与实施要根据小学生的年龄特征、身体条件、心理素质及个性特点等来选择及制订教学内容,教学形式及运动量、运动强度、运动时间等。

3. 在小学体育教学中要科学地选择并组织好体育"长作业"设计与实施生活化内容,一个主题可以结合一项体育教学生活化内容,也可以是综合体育教学生活化的几项内容,体育老师要特别注意小学生在教学中的主体性,关注学生社会适应能力的培养,提高学生的社会生活素质,促进学生全面发展。

4. 加强小学体育教学的安全措施。在体育教学中注意体育教学生活化的同时,要特别注意安全措施的应用,让小学生懂得保护自己,热爱生活,减少和避免伤害事故的发生。

参考文献

［1］陈立勇.体育生活化的发展及制约因素［J］.解放军体育学院学报,2004,23(3).

［2］陈佩华,王家林.试论体育生活化［J］.南京理工大学学报,2001,14(2).

［3］季浏,汪晓赞.小学体育新课程教学法［M］.北京:高等教育出版社,2003.

［4］钟启泉.新课程师资培训精要［M］.北京:北京大学出版社,2002.

［5］李国华.谈体育课堂教学的生活化［J］.昭乌达蒙族师专学报,2003,25(5).

［6］罗文华.新课程下体育教学生活化［J］.江西教育,2004(Z1).

［7］卢元镇.体育社会学［M］.北京:高等教育出版社,2001.

［8］中华人民共和国教育部.义务教育体育与健康课程标准［M］.北京:北京师范大学出版社,2001.

尊重差异　作业分层　智慧共享

——古北路小学五年级语文教研组作业效能案例

陈飞雁

一、具体事例

缘起——着眼作业效能,我们的研究有了主题。

学生:"今天的作业很难,我好几题不会做!"

备忘录上家长的话:"老师,我儿子昨天语文作业有几题不会做,我们家长也不会做,麻烦老师有空辅导一下,谢谢!"

老师:"这是谁出的练习卷,这么难,估计没几个人会做!"

长宁区小学作业效能实施后……

学生:"妈,我今天作业都做完了,老师给我们布置的作业是有选择性的。"

家长:"孩子近来作业少了,成绩却提高了……"

老师:"有了'区单元作业指导建议',我们现在布置学生作业有了参照物,量少而质却高了,尤其分层作业的设计,极受学生的欢迎。"

以上前后情况对比,皆得益于区小学作业效能监控中心"单元作业指导建议"的编制与网上发布。我们五年级语文教研组在组织教师进行学习后,感觉它为我们今后的作业设计指明了方向,大家纷纷参与研究,摸索实践。根据我校农民工子女较多的实际情况,我们教研组决定以"尊重差异,作业分层,智慧共享"为主题开展研究,希望能进一步消化吸收"区单元作业指导建议",为优化作业备案,有效提高学生作业效能打基础。

确定了教研活动的主题之后,我们一度也曾迷惑过,退缩过,但一如我们当初摸索着进行长作业设计那样,我们迎难而上,组织组内成员有计划、有步骤地开展研究。

(一)合作研讨,思维碰撞

为了让我们的研究更有方向,我们除组织教师学习"作业效能"及"区单元作业指导建议"外,还组织教师撰写了学习体会,倡导组内教师自觉阅读相关杂志,研读愚园、江五、天一等实验基地学校制定的作业备案,为自己的分层作业设计提供更好的一手资料和经验。在此基础上,大家研讨议论,达成共识。

(二) 分工合作,个人自备

我们教研组就8个单元进行了分工,每个老师完成2~3个单元的作业设计,分别从"量"和"质"的不同角度进行分层设计。只有自己先期到位的思考设计,才有可能在集体的研讨中取长补短。

(三) 集体交流,微调共享

在集体交流时,我们按单元确定重点发言人,教师在观点上相互碰撞,最后共同比较,切磋、完善,确定最佳的分层作业设计,并根据班级学生实际情况进行微调,然后进行实施。有了整合归纳,就有了资源共享的基础、教学实践后,由教研组长进行资料整理,为今后的教学提供经验资料。《快乐的杉树林》《家乡的桥》《桂林山水》《长江三峡》等大多数课文我们都从"量"和"质"两个方面为其设计了分层作业设计。

以下,是我们教研组在各人自设—集体交流—切磋完善后形成的分层作业设计:《天窗》是著名作家茅盾的美文,这篇文章贴近学生的生活,容易激发他们的想象。学习课文后,我们设计了以下几项作业,学生可以根据自己的爱好自主选择、自主完成。

1. 根据你的实际水平,抄写生字词语。

2. 把你认为课文中最优美的词、句、段摘录下来。

3. 选择自己最喜欢的段落读一读,背一背。

4. 搜集课外与星星月亮有关的诗句、文章,认真朗读体会。

5. 练笔:你心目中的天窗是什么样的? 请运用你积累的优美词句,发挥你的想象,施展你的文采或画技,写一篇关于你自己独特的天窗的小练笔、儿童诗或画一幅想象画。

从完成《天窗》一课作业的情况来看,学生的表现让我们欣喜! 反思这个作业设计的成功之处,我们年级组是把学习的主动权交给了学生,而精彩都是学生所馈赠给我们的礼物。是呀,学生本身是个性的,每个学生的性格、兴趣、特长各不相同,每个学生的知识背景和生活体验也不完全相同。在做作业时,他们对语言文字往往有不同的学习和表达方式。因此,我们在设计这些作业时,关注了个体差异,让学生自主选择作业内容,自主选择作业量,还可以自主选择完成方式,尽量满足学生不同的学习要求,因材施教,从而拓宽了学习空间。学生自主选择作业,在大脑中形成优势兴奋中心,让思想火花迸发,从而愉快地完成作业。

二、成　　效

（一）教师的收获

当我与教研组的老师一起行走在这条教研路上时,我发现,那些曾经羁绊过我们的困惑,困扰过我们的问题,都变得可爱起来,他们成了通向幽处的曲径,成了风景独好的又一村,成了助我们冲上云霄的一对对隐形的翅膀。

1. 教师们在学习、研究、实践的过程中,明确了提高作业效能的最终意义,改变了教学思想和教学行为,能尊重学生差异,认真设计每一次作业,提升了我们的研讨氛围。

2. 集思广益,"以思维碰撞思维,以智慧点燃智慧",充分发挥了教研组"群研智慧",做到了资源共享,为教师们赢得了更多的学习提升的时间。

3. 教师们在和谐的教研氛围中强化了团队合作意识,使不同个体的知识与能力在探讨、冲撞、分享等行为之中得到提升,提高了教师的个人素养,增强了教师的反思能力与科研意识。

（二）学生的喜悦及家长的认可

学生自主选择适合于自己的作业内容、作业形式乃至作业要求,自己设定作业完成的数量、完成的时间、完成的进度,真正获得了成功的喜悦。家长看在眼中,心中有说不出的高兴。

三、案例反思

教师平时工作节奏较快,用于充电的时间少,作业过多地依赖抄抄、默默或现成的外来作业设计及试卷,而且,不根据学生实际情况,一网打尽。长期下来,学生学在其中却厌在其中。提高学生作业效能势在必行。而在行的过程中,如何使教研组成员互相取长补短,优势互补;如何加强组员之间的交流与合作,就显得十分重要。一人成长是进步,二人成长是竞争,三人互助是合作。现实中,组员之间单打独斗、各自为政的分散性单兵作战现象还是比较普遍的,教师之间合作交流、协同作战还是比较少的。这种现象的存在,制约着教师之间的真诚合作与交流,当然也就制约着教师个性特长的充分发挥和教研组优势资源的充分挖掘。如何才能提高每个学生的作业效能,达到人人提高,各班学生共同提高,思考下来,只有教研组的合作共享才能达到此目的。它能使新教师达到合格、青年教师走向成熟、中老年教师形成个性、资深教师经验得到辐射。而最终,使我们的教育对象——学生受益。